엄마, 이렇게 말해주세요

AKARUI KODOMO GA SODATSU 0 SAI KARA 6 SAI MADE
NO MAHO NO KOTOBA
Copyright© 2013 Erika Takeuchi
All rights reserved.
Original Japanese edition published in 2013 by KADOKAWA CORPORATION.
Korean translation rights arranged with KADOKAWA CORPORATION and
Cassiopeia through PLS Agency.
Korean translation edition ©2016 by Cassiopeia, Korea.

이 책의 한국어판 저작권은 PLS를 통한 저작권자와의 독점 계약으로 카시오페아에 있습니다.
신저작권법에 의해 한국어판의 저작권 보호를 받는 서적이므로 무단 전재와 복제를 금합니다.

0~6세 자존감과 두뇌력을 키워주는 발달단계 말 걸기

엄마, 이렇게 말해주세요

다케우치 에리카 지음 | 김진희 옮김

카시오페아
Cassiopeia

부모가 하는 말에 따라 아이의 성격은
좋아지기도 하고 나빠지기도 한다

지금까지 20년간 교육계에 종사하면서 9,000여 명에 이르는 부모와 아이의 관계를 지켜보았다. 나 역시도 부모로서 현재 두 아이를 기르고 있다. 그 과정에서 부모가 하는 말이 아이의 성격 형성에 많은 영향을 끼친다는 사실을 알게 되었다.

"넌 해낼 수 있어!"라는 말을 듣고 크면 도전을 두려워하지 않는 사람이 된다. "노력했구나!"라는 말을 듣고 자란 아이는 크면서 노력하는 사람이 된다. "고마워!"란 말을 듣고 자라면 감사할 줄 아는 사람이 된다. 반대로 "넌 안 돼!"라는 말을 들으면 스스로 무능하다고 생각하는 사람이 된다.

아이는 7살이 될 때까지 3만여 개의 단어를 습득한다. 아이에게 매일 긍정적인 말을 해주는 것은 아이를 3만 번 응원해 주는 것과 같다. 매일매일 일상생활에서 아이를 응원해 줄 수 있어야 한다. 부모의 말이 아이를 성장시킬 수도 있고 망칠 수도 있다.

아이의 사회 적응력을 키워주는 코칭 방법이 있다

아무것도 모르는 상태로 태어난 아이는 살아가는 방법을 배워야 한다. 가정교육을 하고 예의와 공부를 가르치는 것을 '티치'라고 한다. 반면 아이가 재능을 발견하고 성장해 나갈 수 있도록 방향을 안내해 주는 것은 '코치'다. 질문하고 과제를 설정해 줌으로써 아이가 스스로 생각하고 행동할 수 있게 환경을 만드는 것을 '코칭'이라고 한다.

아이는 성장 과정에서 다양한 문제와 과제에 부딪힌다. 이때마다 어른이 옆에서 적절한 조언을 해줄 수는 없다. 스스로 생각하고 행동할 수 있어야 하며, 실패했을 때도 자신을 믿고 최선의 길을 찾을 수 있도록 힘을 길러야 한다. 아이가 자립심을 갖고 사회에서 살아가려면, 생각하는 힘과 행동하는 힘, 문제를 극복하는 힘, 그리고 자신을 믿는 힘이 필요하다. 그리고 이런 힘을 기르는 과정에서 코칭이 매우 효과적이다. 이 책에서는 코칭 방법을 근거로 해서 연령별로 아이들을 지도한다. 또 그렇게 지도하기에 좋은 질문과 아이의 자립에 도움이 될 말을 엄선해서 소개하고, 아이에게 동기를 부여하는 데 도움이 되는 질문들도 게재했다.

"이렇게 해. 저렇게 해!"라고 명령하지 말고,
"어떻게 하면 좋을까?"라고 질문함으로써
스스로 생각하게 하자

문제가 생겨 아이가 어떻게 하면 좋을지 고민하고 있다. 그런데 이때 "이렇게 해!"라고 답을 가르쳐주면 좋지 않다. 아이가 새로운 무언가를 시도하려고 할 때 "하지 마!"라는 말로 못하게 해서도 안 된다. 문제를 해결하려고 노력하고 있는데 "이렇게 하면 돼!"라며 대신 해결해 주어도 안 된다. 자신을 믿어보려 하는데 "넌 항상 그런 식이야!"라며 과거의 실패를 들춰내며 핀잔을 줘도 안 된다.

    어떤 일이 발생하든 "어떻게 하면 좋을까?", "어떤 방법이 더 좋을까?"라고 매번 질문을 던져 아이가 생각할 수 있게 해야 한다. 아이는 스스로 생각하고 선택할 것이다. 이것이 일상적인 습관이 되면 아이는 문제에 직면했을 때 "이럴 때는 어떻게 하는 것이 좋을까?" 하고 자신에게 질문하면서 해결책을 찾아낸다. 어른이 아이에게 무언가를 가르쳐야 한다는 생각을 버리자. 그 대신 코칭 질문을 통해 아이가 스스로 생각하게 하자는 생각으로 전환하자. 그만큼 아이의 가능성도 커질 것이다. 말을 조금 바꾸기만 해도 틀림없이 아이가 크게 바뀌는 모습을 보게 될 것이다.

연령별 발달단계를 알아두면 효과적으로 질문할 수 있다

- 0세 안심감을 느끼면 감수성이 발달한다.
- 1세 호기심을 자극해준다.
- 2세 공감해주면 아이의 마음이 안정된다.
- 3세 도움을 주면서 자립심을 키워준다.
- 4세 스스로 생각하는 힘, 문제를 극복하는 힘을 키워준다.
- 5세 공감 능력과 배려심을 키워준다.
- 6세 자존감을 키워준다.

안심감을 느끼면 감수성이 발달한다

태어나서부터 생후 1년까지는 감수성이 발달하고 자존감의 기초가 형성되는 중요한 시기다. 아무것도 모르는 백지 상태로 태어난 아기에게 "네가 태어난 이 세상은 즐거운 일들로 가득한 멋진 곳이란다"라고 풍부한 감성이 담긴 말들을 들려주어야 한다. 그리고 '엄마가 항상 네 곁에 있으니까 안심하렴'이라는 메시지를 아기가 느낄 수 있도록 충분한 스킨십과 커뮤니케이션을 하는 것이 중요하다.

★ 같이 낮잠을 자기 전에 "항상 곁에 있어줄게"라고 말해준다

★ "아기 덕분에 엄마가 행복해"라고 말하면서 손발을 쓰다듬어준다

호기심을 자극해준다

1살이 되면 신체 발달에 큰 변화가 생기면서 호기심이 늘어난다. 이 시기에는 관심이 생긴 대상을 무조건 만져보려고 해서 손이 많이 간다. 하지만 호기심을 자극하는 환경을 만들어주는 것이 무엇보다 중요하다. "하지 마"라는 말은 삼가고 "해냈구나"라는 말로 격려한다면 도전하는 기쁨을 아는 아이로 성장할 것이다.

★ "하지 마"라고 하지 말고, "해냈구나"라는 말로 의욕을 북돋아 준다

★ "안 돼!"라고 말하는 대신에, "아파요!"라고 바꿔서 말한다

공감해주면 아이의 마음이 안정된다

2살이 되면 지적 능력이 급격하게 발달한다. 하고 싶은 것과 할 수 있는 것이 달라서 자주 짜증을 내는 시기다. 아이가 한 말을 똑같이 반복해서 말해주는 방법으로 아이의 감정을 수용해주는 것이 중요하다. 이렇게 해주더라도 감정이 한 번 격해지면 좀처럼 진정하지 못하는 경우가 있다. 터칭과 포옹으로 극복할 수 있다는 것을 명심한다.

★ 아이가 한 말을 그대로 반복해서 말하며 아이의 감정을 수용해준다

★ 엄마 말을 안 듣겠다는 태도는 가볍게 무시하고 넘긴다

도움을 주면서 자립심을 키워준다

3살은 자립하는 시기로서 아이는 이 나이가 되면 뭐든지 스스로 하겠다고 주장한다. 스스로 하고 싶은 마음은 있지만 뜻대로 되지 않고, 어떻게 해야 좋은지 방법도 모르기 때문에 실패를 많이 한다. 아이가 스스로 해낼 수 있게 "같이 해볼까?", "이렇게 해볼까?"하고 티 나지 않게 도와줌으로써 자립심과 달성감을 키워줄 수 있다.

★ "내가 할래"라고 할 때는 "그래"라고 대답해주고 끝까지 아이가 할 수 있게 한다

★ "못 하겠어"라며 울 때는 "같이 해볼까?", "도와줄까?"라고 물어본다

스스로 생각하는 힘,
문제를 극복하는 힘을 키워준다

4살은 "어떻게 해야 성공할 수 있을까?", "언제 하는 것이 좋을까?"를 탐색하고 계획할 수 있게 되는 나이다. '언제', '어디서', '누구와', '어떻게', '왜'라는 질문을 통해 구체적인 행동으로 이어질 수 있게 해줘야 한다. 스스로 생각하고 계획하고 극복하는 힘을 키울 수 있다.

★ 정리하라고 재촉할 때에는 "언제 정리할 거니?"라고 묻는다

★ "더 놀고 싶어"라고 할 때는 "그래"라고 허락해 준 후에 숫자로 분명하게 제한한다

공감 능력과 배려심을 키워준다

5살이 되면 지능이 발달함과 동시에 공감하는 능력과 배려하는 마음이 발달한다. "그렇게 행동하면 친구들이 어떻게 생각할까?"라고 말하거나, I 메시지로 "도와주어서 기뻐", "그렇게 말하면 엄마가 슬프지"라고 말한다. 감정을 표현하는 말과 질문을 들으면 남의 기분을 이해할 수 있게 된다.

YOU 메시지

★ YOU 메시지는 "너는 OOO"라는 평가를 담고 있다

I 메시지

★ 타인에게 영향을 줄 수 있다는 것을 알게 되어 배려하는 마음을 갖게 된다

자존감을 키워준다

6살까지는 자존감을 확립시켜주는 것이 좋다. 자존감이란 "나는 지금의 나로 충분히 가치 있어", "나는 살아있는 것만으로도 가치 있는 존재야"라고 자신의 존재 자체를 긍정하는 감정이다. 즉 자신감이라고 할 수 있다. 자신감을 키워주기 위해서는 "태어나주어서 고마워", "언제나 네 편이란다"라고 아이의 행동뿐 아니라 존재 자체를 수용해주는 말을 항상 해주어야 한다.

★ 부모에게 "고마워"라는 말을 듣고 자란 아이는 다정한 사람이 된다

★ "네 편이란다"라는 말을 들으면 아이는 마음 깊이 안심하게 된다

머리말 • 04

1장 0살 아기는 "괜찮아, 엄마 여기 있어"라고 말해주면 안심한다

다정하게 안고 "안심하렴!"이라고 말해 주면 아기는 금세 새근새근 잠이 든다 • 28

"우리 아기가 태어나주어서 엄마는 행복해"라고 말하면서 손발을 어루만져 준다 • 34

같이 낮잠을 자기 전에 "항상 같이 있어줄게"라고 말해준다 • 38

"사랑해"라고 말하고 슬링으로 안아준다 • 42

"엄마, 여기 있어"라고 속삭여주고 표정을 살펴본다 • 46

아기가 큰 소리로 울 때는 "괜찮아"라고 말하면서 등을 토닥토닥 두들겨준다 • 52

2장 1살 때는 "해냈구나"라는 말로 도전 의욕을 높인다

"하지마"가 아니라 "해냈구나"로 동기를 부여한다 • 58

"넘어지지 마라"라고 말하지 말고 "조심해"라고 말한다 • 64

"안 돼!"라고 말하지 말고 "뜨거워", "아파"라고 바꿔서 말한다 • 70

'네 마음을 이해해'라고 베이비사인으로 표현한다 • 74

아이가 가리키는 것을 보고 "발견했구나!"라고 말한다 • 78

3장 2살 때는 "그렇구나!"라는 말로 마음을 진정시킨다

무리한 요구를 하며 울 때는 감정을 받아주고 터칭을 해준다 • 86
"이것이어야만 해"라며 고집을 부릴 때는 공감과 포옹으로 아이의
마음을 진정시킨다 • 92
"엄마 말 안 들을 거야!"라며 고집부리는 태도는 가볍게
받아넘긴다 • 98
"내가 할 거야!"라면서 집중할 때는 잠자코 지켜본다 • 104
뭐가 잘 안 돼서 울 때는 "도와줄까?", "엄마가 해줄까?"라고
물어본다 • 108

4장 3살 때는 "뭐로 할래?"라는 질문으로 도와준다

"어떻게 하는 게 좋을까?"라고 질문함으로써 스스로 생각하게 한다 • 116
"내가 할래"라고 할 때는 "그래"라고 허락하고 아이가 끝까지
할 수 있도록 이끌어준다 • 120
"어떻게 하는 게 좋을까?"라고 물으면 문제 해결력이 있는 아이가 된다 • 124
"못 하겠어"라며 울 때는 "어떻게 해줄까?"라고 물어본다 • 130
"그렇구나. 그리고 또?"라고 물어봐 주면 아이는 스스로 생각하게 된다 • 136

5장 4살은 "뭘 해야 하지?"라는 질문으로 스스로 생각하게 한다

"뭘 해야 하지?"라는 질문으로 예측하는 힘을 키워준다 •142
"언제?", "어디?"라는 질문으로 구체적인 행동을 유도한다 •148
"사 줘!"라고 조를 때는 "그래"라고 대답한 후에 참는 법을
가르친다 •154
더 놀고 싶어 할 때는 "5번 더 타도 돼"라고 허락해준다 •160
"보여주고 싶은 것이 있니? 5분 있다가 갈게"라는 말로
서로 조금씩 양보한다 •166

6장 5살은 'I 메시지'로 배려심을 키운다

방을 잘 정리했을 때는 "착하다"고 하지 않고
"기분 좋다"라고 말해준다 •174
아이가 친구를 때렸을 때는 "엄마의 마음이 아프다"라고 말한다 •180
계산을 잘했을 때는 "머리가 좋네"가 아니라
"해냈구나!"라는 말로 칭찬한다 •184
인사를 잘했을 때 "기쁘구나!"라고 말해주면
공감의 기쁨을 알게 된다 •188
유치원에서 어떻게 지냈는지를 말하지 않을 때는 어떻게 해야 할까? •192

7장 6살 때는 '사랑 메시지'로 자존감을 키운다

"고마워"라는 말을 듣고 자란 아이는 다정한 사람으로 성장한다 •198
아이가 울고 소리칠 때는 "화났나 보구나", "슬픈가 보구나"라고
말해준다 •204
"노력하고 있구나"라는 말이 아이의 향상심을 자극한다 •208
"네 편이야"라고 말해줄 때 아이는 진심으로 안심한다 •212
"사랑해"라고 말하면서 꼭 안아주면 아이는 삶의 기쁨을 느낀다 •216

맺음말 •220

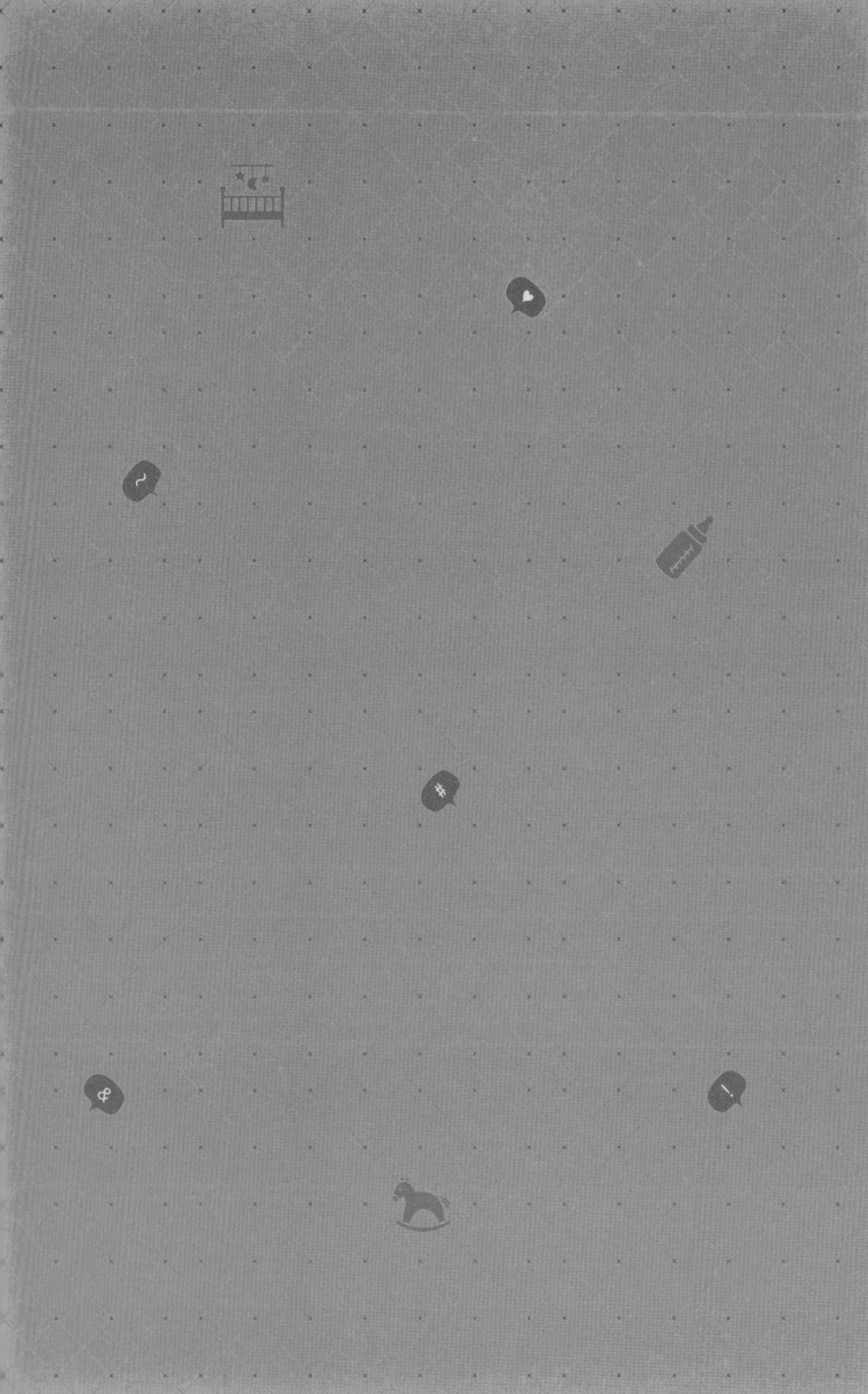

1장

0살 아기는
"괜찮아, 엄마 여기 있어"
라고 말해주면
안심한다

다정하게 안고
"안심하렴!"이라고 말해 주면
아기는 금세 새근새근 잠이 든다

"안아주지 않으면 잠을 자지 않아요."
"재우려고 눕히면 바로 울어요."
안아주어야 아이가 잠을 잘 것이다.
그렇다면
"괜찮아. 엄마 여기 있으니까 안심하렴."
이라고 말해주고
아기가 만족할 때까지 안아준다.

아기는 생후 1년 동안 엄마, 혹은 엄마의 역할을 하는 사람에게 사랑을 충분히 받아야 한다. 자신감을 갖게 되고 자존감이 높아진다. 이 시기에는 스킨십을 충분히 해주고 소리를 내서 자주 말을 걸어주는 것이 좋다.

한때는 '많이 안아주면 어리광쟁이가 된다'거나 '홀로 재우는 것이 좋다'는 주장도 있었다. 하지만 요즘에는 생후 1년 동안 충분히 안아줘야 정서적으로 안정된 아이가 된다고 강조한다. 따라서 아기 곁에 늘 있어주면서 스킨십을 자주 하는 다정한 엄마가 되어 주는 것이 좋다. 이런 육아법을 캥거루 육아법이라고 한다.

아기가 보채거나 우는 것은 불안하기 때문이다. 그리고 그 불안은 해소해 주어야 한다. 아이를 자주 안아주자. "안심하렴!"이라고 부드럽게 속삭이면서 울음을 그칠 때까지 충분히 안아주자.

시간이 지나면 아기는 엄마가 안아주지 않을 때도 안심감을 느끼게 되고, 잠자리에서도 울지 않게 된다. 하지만 이렇게 되기까지는 시간이 필요하다. 아기에 따라서는 몇 년이 걸리기도 한다. 이 경우에는 '우리 아기에게 아직 엄마의 사랑이 더 필요하구나' 하는 마음으로 아이가 울음이 그칠 때까지 안

울음을 그칠 때까지 안아주는 것이 이상적이다

계속 스킨십을 하며 함께 지내는 캥거루 육아법

아준다.

'어리광부리는 아이가 되지는 않을까?' 하는 걱정이 들 수도 있지만 걱정하지 않아도 된다. 혼자서 자지 못하는 어른은 없다. 사랑을 채워주는 것이 중요하다.

반면 태어나자마자 아무렇지 않게 혼자서 잘 자는 아기가 있다. 이 아기는 사랑을 채워주기 위해 굳이 안아주지 않아도 된다.

신기하게도 아이들의 천성이 서로 다르다. 안아주어야만 자는 아기가 있는가 하면, 혼자서도 무사태평하게 잘 자는 아기가 있다. 다른 아기와 비교할 필요는 없다.

혼자서 잘 자는 아기는 그냥 두어도 괜찮다

아기에게도 각자의 개성이 있다

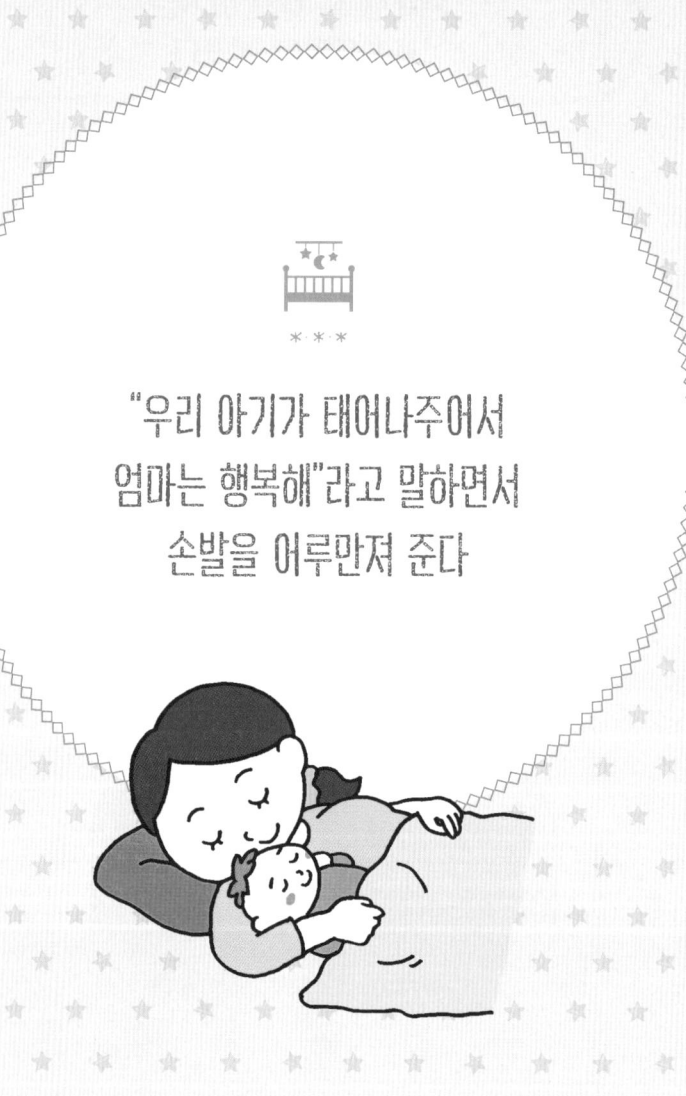

"우리 아기가 태어나주어서
엄마는 행복해"라고 말하면서
손발을 어루만져 준다

"뭘 해도 울음을 안 그쳐요."
"왜 우는지를 모르겠어요."
이럴 때가 자주 있을 것이다.
아기가 우는 것은
불쾌하거나 불안하기 때문이다.
이때는 꼭 안고
"태어나주어서 고마워."
"엄마는 행복해."
라고 말해 준다.

기저귀도 갈았고, 모유 혹은 분유도 원하는 만큼 충분히 먹였다. 그런데도 계속해서 우는 것은 아기가 불안하기 때문이다. 배 속에 있었을 때 아기는 엄마와 일심동체였다. 엄마의 목소리를 듣고 엄마의 체온을 느끼며 날마다 편안한 마음으로 지냈다. 갑자기 바깥세상으로 나와 다양한 빛을 보고 여러 가지 소리를 듣게 되면 불안해지는 것이 당연하다. 엄마 품에 안겨 있는 것이 오히려 자연스럽게 느껴지는 것이다. 아기가 우는 것은 불안하기 때문이다. 안아주면 아기는 엄마의 체온을 느끼면서 안심하게 된다. 아기를 꼭 껴안고 ==손발을 어루만져 준다. 그리고 부드러운 목소리로 말을 걸어주면 아기는 점차로 편안해지게 된다. "태어나주어서 고마워", "네 덕분에 엄마는 행복해"라고 말해준다.== 그러면 아기는 자신이 태어난 세상을 행복한 곳이라고 인지하게 된다. 틀림없이 안심하고 쑥쑥 자라날 것이다.

모유나 분유를 먹고 바로 잠들면 좋겠지만, 이렇게 키우기 쉬운 아기는 실제로는 전체의 40%밖에 되지 않는다. 아기가 칭얼거릴 때는 엄마의 사랑을 필요로 하는구나 하는 마음으로 힘내서 아기를 안아준다.

손발을 쓰다듬어주면 아기는 안심감을 느낀다

칭얼거릴 때에는 다정하게 말을 걸어준다

같이 낮잠을 자기 전에
"항상 같이 있어줄게"라고 말해준다

"잠을 전혀 자지 않아요."
"너무 힘들어요."
아기는
엄마가 원하는 시간에 잠들어 주지 않는다.
"항상 곁에 있어줄게"라고 말하고,
엄마가 아기의 생활리듬에 맞춰서 생활한다.
그러면 육아가 훨씬 편해진다.

"좀처럼 잠을 안자요", "전혀 자지를 않아요"라는 고민 상담을 자주 받는다. 하지만 지금껏 잠을 자지 않는 아기는 본 적이 없다. 엄마가 원하는 시간에 잠을 자지 않는다는 말일 것이다.

이 시기의 엄마는 아기를 막 출산한 지친 몸으로 확 바뀐 새로운 생활에 적응해야 한다. 이것만으로도 힘든데 잠까지 충분히 자지 못한다면 정말로 괴로울 것이다. 하지만 기본적으로 아기는 종일 잠을 잔다. 밤에 잠을 자지 않는 아기라 할지라도 낮에는 반드시 잠에 깊이 빠진다. 상황이 그렇다면 엄마가 아기에게 맞춰서 낮에 자는 것이 좋다. 엄마와 아기의 생활리듬이 같아지면 지금까지 엄마를 힘들게 하던 것들이 스르륵 사라지면서 편안해진다.

엄마와 아기는 일심동체다. "항상 같이 있어줄게"라고 말해주고 같은 리듬으로 생활하자. 갓난아기가 무슨 말을 이해하겠느냐고 생각할 수도 있지만 그렇지 않다. 엄마의 말을 들으면 아기는 정신적으로 안정된다.

엄마와 아기는 일심동체다
같은 생활리듬으로 생활하자

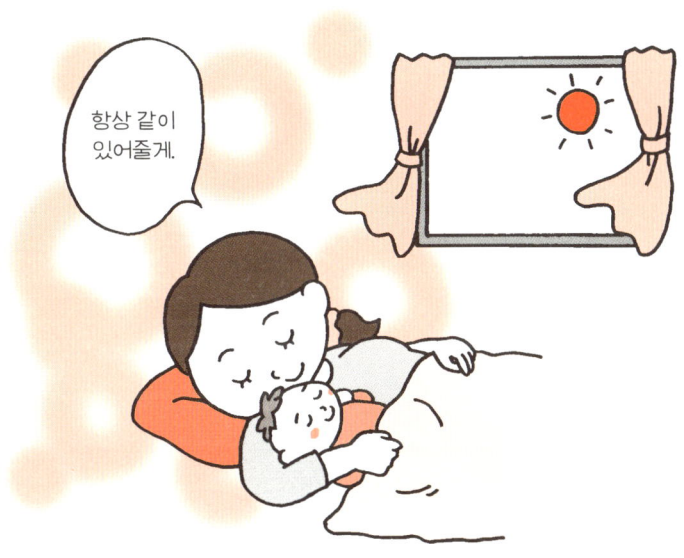

엄마도 아기와 함께 낮잠을 잔다

"사랑해"라고 말하고
슬링으로 안아준다

요즘 같은 시대에
포대기와 아기끈은 촌스럽다고 생각할 수도 있다.
하지만 엄마의 온기를
아기가 느낄 수 있게
많이 업어주고
안아주는 것이 좋다.
그리고
"사랑해"라고 말해주고
애정을 쏟아부어 주자.

과거에는 엄마들이 일상적으로 포대기를 사용했지만, 요즘에는 포대기를 잘 사용하지 않는다. 요즘에는 가사를 해야 하는데 아기가 칭얼거리면 사용하는 정도다. 아기를 업고 일을 하기 위해서이다. 하지만 역시 아기는 유모차를 타고 산책할 때보다는 엄마에게 업히거나 안겨서 산책할 때 더 행복해한다.

엄마 배 속에 있을 때 아기는 자그마하게 몸을 말고 무릎을 안은 자세로 종일을 지냈다. 슬링을 사용하면 아기의 자세가 엄마 배 속에 있었을 때와 비슷해진다. 또 엄마의 피부와 체온을 느낄 수도 있고 엄마의 목소리를 가까이서 들을 수도 있다. 슬링은 등 뒤로 돌려서 아기를 업는 데 사용할 수도 있다. 또 슬링에 아기가 들어 있는 채로 살며시 풀어서 아기를 깨우지 않고 침대로 옮겨 눕히거나 유모차로 옮겨 태우는 데 사용할 수도 있다. 아기를 잠재우기 위해 온갖 노력을 기울이는 대신에, 아기가 엄마의 사랑을 필요로 하는구나 하는 마음으로 슬링을 사용해보길 권한다.

<u>체온을 나누면서 "사랑해"라고 말해주고 애정을 표현해준다면</u>, 틀림없이 마음이 따뜻한, 다정한 아이로 성장할 것이다.

아기는 슬링을 좋아한다

다양한 색과 디자인의 슬링 중에서 취향에 맞는 것을 선택하면 된다

"엄마, 여기 있어"라고
속삭여주고 표정을 살펴본다

자주 말을 걸어주고 스킨십을 해주는 것이 좋다는 것은 누구나 아는 사실이다. 그렇다면 언제, 어떻게 해주는 것이 좋을까?

아기가 엄마의 눈을 가만히 바라보면 말을 걸어준다.

아기가 손발을 버둥거리면 몸을 쓰다듬어준다.

아기가 모빌을 바라볼 때에는 그대로 둔다.

아기에게는 이 모든 행동이 "엄마, 여기 있어"라는 메시지로 전해진다.

"아기에게 음악을 틀어주는 것이 좋다고 해서 클래식 음악을 틀어놓고 있어요. 그런데 종일 음악을 들으니까 제가 힘들고 지치게 되더라고요."라는 고민 상담을 받은 적이 있다.

온종일 음악을 틀어놓아야 한다고 생각하면 피곤하게 느껴질 수 있다. 확실히 부드러운 음악이나 엄마의 자장가를 듣고 자란 아이가 그렇지 않은 아이보다 발육이 빠르다는 연구 결과가 있기는 하지만, 종일 음악을 틀어놓으면 엄마에게 스트레스가 쌓일 수 있다.

이런 고민을 하는 것은 하루 10분으로 충분하며 아이가 듣고 싶어 할 때 들려주면 더 좋다고 답변해준다. 그렇다면 아기가 음악을 듣고 싶어 하고 있는지 어떤지를 어떻게 알 수 있을까. 아기는 부드러운 선율의 음악이 듣고 싶거나 엄마의 다정한 목소리가 듣고 싶을 때 엄마의 얼굴을 가만히 바라다보면서 입을 오물오물하고 움직인다. 이것은 엄마와 커뮤니케이션을 하고 싶다는 신호다.

또 무언가를 말하려고 "아아", "우웅" 하는 소리를 내면서 손발을 버둥거리는 동작을 할 때가 있다. 아기가 움직이고 싶은 것이다. 부드럽게 몸을 쓰다듬어주거나 마사지를 해주면 운동신경을 발달시키는 데 도움이 된다.

아기가 입을 오물거리는 것은 커뮤니케이션을 하고 싶다는 신호다

얼굴을 바라보며 입을 오물거리는 것은
엄마와 말하고 싶다는 표현이다

흔들리는 모빌을 가만히 뚫어져라 바라볼 때도 있다. 감정을 가다듬고 집중해서 무언가를 학습하려고 하는 것이다. "우리 아기 착하네. 얌전하게 놀고 있구나" 하고 말을 걸지 않도록 한다. 아이의 집중력이 향상되므로 별다른 소리 없이 가만히 내버려 두는 것이 좋다.

==무엇보다도 엄마가 항상 곁에 있다는 안심감이 아기의 몸과 마음의 발육에 가장 큰 도움이 된다.== 엄마의 목소리, 스킨십, 커뮤니케이션, 그 모든 것이 아기에게는 "엄마 여기 있어"라는 메시지가 된다.

모빌에 집중하고 있을 때는 말을 걸지 않는다

가만히 둘 때 집중력이 향상된다

아기가 큰 소리로 울 때는
"괜찮아"라고 말하면서
등을 토닥토닥 두들겨준다

"아기가 울음을 그치지 않아요."
"잠을 자지 않아요."
육아가 힘들다고 느껴질 때는
아기를 꼭 안고 쓰다듬어 주면서
"괜찮아"라고 말해준다.

새근새근 잠든 아기를 바라볼 때, 아기가 엄마의 얼굴을 바라보면서 생긋하고 웃을 때 엄마가 된 기쁨에 가슴이 뜨거워지는 것을 느낀다. 하지만 육아가 늘 뜻대로 되는 것은 아니다. 배고프다고 울어서 모유나 분유를 먹였더니 토하기도 하고, 울면서 잠투정만 하고 잠들지 않을 때도 있다. 때로는 왜 우는지조차 알 수가 없어서 엄마가 오히려 울고 싶은 마음이 들기도 한다.

이때는 일단 <mark>아기의 몸을 둥글게 말아서 부드럽게 껴안은 다음에, 다정하게 흔들어주는 것이 좋다. 그리고 따뜻한 목소리로 "괜찮아. 엄마 여기 있어"라고 말해서 안심시킨다.</mark> 또 아이가 나지막하게 흐느낄 때는 부드럽게 터칭을 해준다. 엄마 손이 약손이라는 말이 있는 것처럼, 엄마 손의 온기에는 아기를 안심시키고 편안하게 해주는 힘이 있다. 우는 리듬에 맞춰서 토닥토닥 하고 가볍게 터칭을 해주기 시작해서 점차로 속도를 낮춰나간다. 숨넘어갈 정도로 울던 아기의 호흡이 토닥이는 리듬에 따라서 점차로 편안해지면 아기는 졸기 시작한다. 아기의 마음을 안정시키는 데 가장 좋은 방법은 바로 스킨십이다.

부드러운 목소리로 안심시켜준다

토닥토닥 하고 리듬감 있게 토닥여준다

2장

1살 때는 "해냈구나"라는 말로 도전 의욕을 높인다

"하지 마"가 아니라
"해냈구나"로 동기를 부여한다

"안 돼", "하지 마"
이렇게 매일 야단을 쳐서는 안 된다.
아이가 성취한 것이 있다면
"해냈구나"라고 말해주어야 한다.
아이의 도전 의욕이 높아진다.

생후 1년이 지나면 아기는 아장아장 걷기 시작한다. 온 가족이 "이쪽으로 와보렴", "조금만 더!" 하면서 기쁜 마음으로 응원한다. 그러나 며칠이 지나고 몇 달이 지나서 아기가 잘 걸을 수 있게 되면 이번에서 뒤에서 달라붙기 시작해서 "위험하잖아, 저쪽으로 가 있어"라며 쫓기에 바쁘다.

이 시기의 아기는 호기심 덩어리다. 관심이 가는 물건을 발견하면 바로 손으로 잡아보고 입에 넣어보고 두들겨보고 끝에 가서는 던져보기까지 한다. 어디에 쓰는 어떤 물건인지를 확인하기 위해서 궁금증이 생긴 물건을 다양한 방법으로 테스트해 본다. 그래서 이 시기를 실험기라고 부른다. 이러한 강한 호기심은 적극적으로 살아가는 데 필요한, 학습의 에너지원이다.

하지만 소중한 물건을 망가트리기도 하고 예의에서 벗어나는 행동도 서슴지 않기 때문에 이를 본 어른은 "하지 마", "안 돼"라고 말을 한다. 하지만 아이의 실험에는 반드시 의미가 있다. 모든 것이 성장 과정에 필요한, 중요한 것이다. "하지 마"라고 말하고 싶을지라도, 우선은 "해냈구나"라고 새로운 지식과 스킬을 습득했다는 사실을 인정해주어야 한다.

실험기의 아기는 호기심 덩어리다

먼저 손으로 잡는다

다음으로는 입에 넣는다

걷는 것에 익숙해지면 아기는 테이블 위에 올라가려고 한다. 테이블 위에 올라가는 것은 예의에 벗어난 행동이지만, 그래도 앞서 말한 바와 같이 일단은 "테이블에 올라가는 데 성공했네!"라는 말로 성공을 인정해주어야 한다. 그리고 "여기도 올라갈 수 있을까?"라고 말하면서 계단 앞으로 데려간다. 아기는 엄마의 마음을 불편하게 만들 생각으로 테이블 위에 올라간 것이 아니다. 그저 높은 곳에 올라가는 기술을 익히고 싶었을 뿐이다.

나무 블록을 입에 넣는 것은 그것을 먹을 수 있는지 없는지를 실험해보기 위해서이다. 그러므로 "먹을 수 없는 것이네"라고 말해주면 된다. 나무 블록으로 테이블을 두드리는 것은 어떤 소리가 나는지 확인해보려는 것이다. "딱딱한 소리가 나네"라고 말해주면 된다. 그다음에는 나무 블록을 던질 것이다. 이는 첫 번째로는 물건을 잡는 손가락의 기능을 발달시키기 위해서이고, 두 번째로는 손목의 기능을 사용해서 던지는 기능을 발달시키기 위해서이다. "잘 던지네"라고 인정해준 다음에 "이번에는 이 공으로 던져볼까?"라고 말하면서 말랑말랑하고 던지기 쉬운 물건을 건넨다.

아기에게는 사소한 성공도 성장하고 있다는 증거다. "해냈구나", "올라가는 데 성공했네", "잘 던지네"라는 말로 의욕을 북돋아 주어야 한다.

"잘 하네"라는 말로 의욕을 북돋아준다

아이 행동의 의미를 이해해야 한다

⭐

"넘어지지 마라", "떨어지지 마라"
라고 말하면 아이는 반대로
넘어지고 떨어진다.
"조심해"
라고 말해주면 어떻게 해야 안전할 수 있을지를
생각하는 아이가 된다.

1살 아이는 그야말로 개구쟁이여서 여러모로 손이 많이 간다. 신체 기능이 급격하게 발달하면서 걸을 수 있고 달릴 수 있게 되기 때문에 아이는 끊임없이 움직이고 싶어 한다.

이 시기에 충분히 기어 다니면 근력이 발달해서 기초운동 능력이 뛰어난 아이가 된다. 5, 6살이 돼서도 자주 넘어지고, 넘어진 후에도 스스로 재빠르게 일어나지 않는 아이는 그 시기에 운동을 충분히 하지 않았을 가능성이 있다. 그러므로 마음껏 움직이게 하는 것이 좋다.

하지만 이 시기의 아이의 움직임은 아직 불안정하므로 이를 지켜보는 어른은 곧잘 "넘어지지 마라", "떨어지지 마라"라고 말한다. 아이가 금방이라도 넘어질 것 같고, 금방이라도 떨어질 것 같기 때문이다. 이런 아이가 도로로 뛰쳐나가기까지 한다면 대단히 위험할 것이다.

아이는 부정문을 이해하지 못한다. "넘어지지 마라"라는 말을 들으면 '넘어지다'라는 말밖에 모르는 아이의 머릿속에 넘어지는 영상이 떠오르기 때문에 넘어질 확률이 높아진다. 엄마가 아이를 걱정해서 한 말이 거꾸로 아이를 위험에 빠트릴 수 있다.

그러므로 이때는 "조심해"라고 말해야 한다. 어떻게 해서

아이는 부정문을 이해하지 못한다

몸이 근질근질한 아이는 움직이고 싶어서 참을 수가 없다

결코 "넘어지지 마라", "떨어지지 마라"라고 말해서는 안 된다

는 안 되는지가 아니라 <mark>어떻게 해야 하는지를 구체적으로 말한다.</mark> "앞을 봐", "잠깐 멈춰서", "천천히 걸어"와 같이 말하는 것이다.

지시는 최대한 간단명료하게 하는 것이 강한 인상을 줄 수 있어서 효과적이다. 그중에서도 "조심해"는 모든 상황에서 쓸 수 있는 유용한 말이다. 게다가 어떻게 해야 조심할 수 있을지를 스스로 생각해 볼 기회를 제공하기 때문에 스스로 생각하고 행동하는 습관을 형성하는 데도 도움이 된다.

"조심해"라고 말해주면 스스로 생각하고 행동하는 습관이 생긴다

"넘어지지 마라"라고 말하면 이상하게 넘어진다

어떻게 해야 좋은지를 구체적으로 말해주는 것이 중요하다

"그건 안 돼!"
"하지 마!"
이렇게 말하면 왜 안 되는지를 알 수가 없다.
"뜨거워", "아파", "위험해", "손 다친다"라고
확실하게 안 되는 이유를 말해주어야 판단력 있는 아이가 된다.

아이의 안전을 생각해보면 우리가 사는 주거 공간이 "안 돼"라고 말하게 하는 것으로 가득하다는 것을 알 수 있다. 아침에 창문을 열면 밖에 있는 사람들의 시선이 신경 쓰인다. 2층 이상에 사는 사람은 아이가 떨어질까 걱정스럽다. 현관문 앞이 바로 도로인 집도 있다. 도로에는 자동차와 자전거가 수시로 통행하고 있어 항상 신경을 써야 한다. 산책길에 놀이터를 발견하면 아이는 신나서 곧바로 놀이터를 향해 뛰어가려고 한다. 하지만 놀이터는 길 건너편에 있고 도로에는 수많은 자동차가 달리고 있다. 오늘날의 아이들은 이처럼 제약이 많은 환경 속에서 살고 있다. 어른이 "안 돼", "안 돼", "안 돼"라고 하루에도 몇 번씩 말해야만 안전하게 살 수 있다.

그러므로 "안 돼!"라고 하는 것을 정말로 위험할 때로 한정해야 한다. 그리고 <u>왜 위험한지를 정확하게 말해주어야 한다</u>. 뜨거운 냄비를 만지려고 할 때는 <u>"뜨거워"</u>라고 말해주고, 문 틈에 손을 넣었을 때는 <u>"아파"</u>라고 말해준다. 담배를 입에 넣으려고 할 때는 <u>"위험해"</u>라고 말해주고, 칼 쪽으로 손을 뻗을 때는 <u>"손 베일 수 있어"</u>라고 말해주는 것이다. 그러면 아이는 그 말을 듣고 '냄비는 뜨겁구나', '문에 손이 끼이면 아프구나', '담배를 먹으면 위험하구나', '칼에는 베일 수 있구나' 라는 것을 알게 된다.

왜 위험한지를 구체적으로 말한다

구체적으로 말해주어야 왜 위험한지를 알게 된다

아이가 큰 소리로
"엉엉엉", "으앙으앙으앙"
하고 우는 것은
"나 좀 이해해줘"
라는 말을 하고 싶기 때문이다.
베이비사인으로
"네 마음을 이해해"
라는 마음을 전할 수 있다.

"엉엉엉", "으앙으앙으앙" 하고 목청껏 우는 아이가 있다. 신기하게도 갓난아기였을 때 얌전하고 조용했던 아기, 혼자서도 잘 자서 손이 별로 가지 않았던 아기가 이렇게 되는 경우가 많다. 잘 자는 아이는 계속해서 자게 내버려둔다. 이 때문에 엄마가 충분히 말을 걸지 못해서 말문이 늦게 트이는 경우가 있는 것이다. 잘 자는 아이는 깨어 있을 때 적극적으로 말을 많이 걸어주어야 한다.

아이가 큰 소리로 우는 가장 큰 이유는 자신의 기분을 제대로 표현하지 못하는 데에 있다. '자고 싶은데 엄마가 내 마음을 몰라줘', '배가 고픈데 엄마가 그걸 몰라' 하고 말하고 싶다. 하지만 아직 말을 제대로 못 하기 때문에 '왜 몰라주는 거야!'라며 절규하는 것이다. 이럴 때는 베이비사인이 유용하다. ==베이비사인은 바디랭귀지로 생각을 전달하는 방법이다.== 예를 들어 아이가 배고픈 것 같을 때 ==입술을 손가락으로 톡톡 두드리면서 "배고프니?"라고 묻는 것이다.== 반복적으로 이렇게 하면 아이가 입술을 손가락으로 톡톡 두드리면서 "배고파"라고 말할 수 있게 된다. 베이비사인을 이용한 커뮤니케이션은 아이의 마음을 안정시키는 데 도움이 된다.

베이비사인으로 커뮤니케이션을 한다

아이와 함께 둘만의 사인을 만들 수 있다

아이가 가리키는 것을 보고
"발견했구나!"라고 말한다

"아! 아!"하고 무언가를 손가락을 가리킬 때
"어, 그래그래"라면서 무심하게 넘겨서는 안 된다.
손가락으로 무언가를 가리켰을 때는
'그런 게 있구나', '갖고 싶은가 보구나', '저건 고양이란다'
라고 3단계로 반응해주어야 한다.
이렇게 하면 아이의 표현력이 좋아진다.

아기가 갑자기 엄마의 얼굴을 보고 방긋 웃는다. 아기가 웃으면 엄마도 행복하다. 그래서 아기가 엄마를 보고 웃으면 엄마도 아기를 보고 웃게 된다. 우리는 아무렇지 않게 이같이 행동하지만, 이런 일상적인 교류를 통해서 아기는 '내가 엄마를 보고 웃으면 엄마도 나를 보고 웃어주는구나' 하고 하나의 커뮤니케이션 방법을 습득하게 된다. 아이의 커뮤니케이션 능력을 키우는 데는 늘 아이와 함께하면서 마음을 나누는 것이 대단히 중요하다.

또 1살이 되면 아이는 무언가를 손가락으로 가리키면서 "아! 아!" 하는 소리를 내기 시작한다. 0살 때는 관심이 생기면 대상물에만 집중하지만 1살이 되면 자신이 발견한 흥미로운 것을 엄마에게 말하고 싶어 한다.

무슨 말을 하는지 이해할 수 없다고 해서 "어, 그래그래"라는 식으로 무성의하게 대답해서는 안 된다. 대상을 가리킨다는 것은 아이의 커뮤니케이션 범위가 넓어지고 있다는 표시이다. 성의 있게 반응해야 한다. 처음에 내는 "아! 아!"라는 소리는 "이것 좀 봐"라는 뜻이다. 이 소리에는 "그런 것이 거기 있구나!", "그런 것을 발견했구나!"라고 말해주어야 한다. 그러면 조금 더 큰 목소리로 "아! 아!" 하는 소리를 낼 것이다.

> "아! 아!" 하는 소리를 내면서 발견한 것을 엄마에게 말하고 싶어 한다

무성의하게 대답해서는 안 된다

아이가 가리키는 것을 봐준다

"갖고 싶어!", "저것 좀 잡아줘!"라는 뜻이다. "갖고 싶은가 보구나!", "만지고 싶은가 보구나!", "잡고 싶은가 보구나!"라고 아이가 요구하고 있는 것을 말로 표현해주고 이해해주어야 한다.

또 "아! 아!" 하면서 엄마의 얼굴과 대상을 교대로 바라보는 것은 "엄마, 이것 좀 봐. 저기에 뭐가 있어"라는 뜻이다. 이때는 "저것은 새란다", "저 새의 이름은 참새야"라고 가리킨 방향에 있는 대상의 이름을 가르쳐준다. 대상의 모습을 말로 표현해주는 것도 좋다. 이는 아이의 표현력을 키워줄 수 있다.

무언가를 손가락으로 가리킬 때는 성의 있게 반응해야 한다

대상물에만 집중했던 아이가……

흥미로운 대상을 엄마에게 말하고 싶어 하는 아이로 변한다

3장

2살 때는 "그렇구나!"라는 말로 마음을 진정시킨다

무리한 요구를 하며 울 때는
감정을 받아주고 터칭을 해준다

아이가 "밥 먹고 싶어"라고 해서 밥상을 차렸더니
"빵이 아니잖아. 안 먹어!"라고 한다.
'도대체 뭘 어쩌라는 거야?' 하는 생각에 가슴이 답답해진다.
이때는
"밥이 먹고 싶은가 보구나", "빵 아닌 다른 것은 먹기 싫은가 보구나"
라는 말로 아이의 감정을 공감해주고
등을 토닥토닥 하고 터칭해 준다.
그런 후에 "그런데 밥만 있어"라고 반복해서 말한다.

2살이 되면 제1차 반항기가 찾아온다. "배고파!", "밥 줘!"라며 울고 떼쓰는 일이 잦아진다. 배고프다고 해서 서둘러 밥상을 차렸더니 밥을 보자마자 "빵 먹을래"라며 밥을 먹지 않겠다고 한다. "밥 먹고 싶다고 했잖니"라며 달래보아도 "빵 먹고 싶어", "빵이 아니면 안 먹을 거야"라고 한다. 강하게 고집을 부리면서 울고불고 떼쓰는 모습을 보면 오히려 엄마가 울고 싶어지기도 한다.

이 시기가 되면 지능이 발달하면서 아이는 원하는 것과 하고 싶은 것을 주장한다. 어른이 무슨 말을 하든 싫다면서 자신이 원하는 것을 주장하는데, 이것에 일관성도 없어서 엄마로서는 어느 장단에 맞춰야 할지 알 수가 없어 고민에 빠지게 된다.

신체 기능도 언어 표현 능력도 아직 발달되지 않은, 미숙한 상태이기 때문에, 무언가를 잡으려고 해도 잘 잡지 못하고, 무언가를 하려고 해도 생각처럼 해내질 못하며, 마음을 표현하고 싶은 기분은 들지만 적절하게 표현해내지 못한다.

'밥 달라고 했지만, 빵을 말하려던 거였어', '더 잘하고 싶다', '엄마가 도와줘' 하는 다양한 감정이 아이의 마음속에 피어오른다. 하지만 아이는 "싫어", "하지 마"를 비롯한 몇 개의 말밖에 알지 못하기 때문에 하고 싶은 말이 산처럼 쌓여있음에도 전부 "싫어!"라고 표현하고 마는 것이다. 아이도 아이 나

"싫어!", "하지 마!"에는 여러 가지 의미가 담겨 있다

말도 안 되는 소리를 하는 것 같지만……

실제로는 이런 말이 하고 싶었던 것이다

름대로 많은 갈등을 겪고 있다.

　이때는 먼저 감정을 수용하고 공감해주어야 한다. "빵이 먹고 싶은가 보구나!"라고 말해주는 것이다. 그리고 "밥 달라고 했잖아!"라고 말하고 싶은 마음을 꾹 참고 다정하게 터칭해준다. 등을 토닥토닥 하고 두들겨주는 것이다. 아이가 짜증을 내거나 격하게 감정을 표현하는 첫 번째 이유는 엄마가 자신의 마음을 몰라준다고 느끼기 때문이다. 자신의 주장을 들어주지 않았기 때문이 아니다. 아이의 감정을 말로 표현해주고 터칭해 주면 그것만으로도 아이는 부모가 자신의 마음을 이해한다고 느낀다. 그러면 신기하게도 안정을 되찾는다.

　감정을 받아준다고 아이가 하는 말을 전부 들어줄 필요는 없다. 빵을 줄 수 없는 상황일 때는 "빵이 먹고 싶은가 보구나. 그런데 빵은 없단다. 밥이라면 있어"라고 부드러운 말투로 반복해서 말한다. 물론 반드시 아이가 순순히 말을 듣는다고는 할 수 없지만, "밥 달라고 했잖아!"라며 언성을 높일 때보다는 말을 잘 알아들을 것이다.

　아이가 "싫어! 싫어!"라고 할 때는 '감정은 받아주고 행동은 고쳐주는 방식'으로 대처해야 한다.

아이의 감정을 수용해주고 부드럽게 터칭해 준다

아이는 이해해주지 않는다고 느낄 때 격하게 반응한다

아이의 말을 모두 들어줄 필요는 없다

"이것이어야만 해"라며
고집을 부릴 때는 공감과 포옹으로
아이의 마음을 진정시킨다

"엄마는 설거지해야 하니까 아빠랑 같이 씻어."
"싫어, 싫어! 엄마가 씻겨주지 않으면 안 씻을 거야!"
"아, 답답하네.
몇 번 말해야 알아듣겠니.
엄마는 지금 바쁘다니까."
이때는 "엄마랑 같이 씻고 싶구나?"
라면서 꼭 안아준다. 그리고
"미안해. 오늘은 엄마가 씻겨줄 수 없어"
라고 다정한 목소리로 반복해서 말한다.

2살은 질서기라고 불리는 시기로, 자신이 정한 특정한 것만을 고집한다. 밤에 잠자리에 들면 "아빠 자리는 여기, 엄마 자리는 여기, 그리고 내 자리는 가운데"라고 한다. 식당에서는 "엄마 옆자리에 앉을 거야", "창가 자리에 앉을 거야"라면서 자신이 규칙을 정하고 이대로 따르기를 고집한다. "오늘은 빨간색 구두 신을 거야", "모자 쓸 거야"라고 어디를 가든 무엇을 하든 자신이 정한 규칙대로 하려고 하고 자기 뜻대로 되지 않으면 보채고 떼를 쓴다. 아이가 이런 행동을 한다는 것은 지능이 발달하면서 사회의 규칙과 역할을 인식하기 시작했다는 증거다. 또 성장하고 있다는 증거이기도 하다. 이 시기가 되면 엄마와 나로만 구성됐던 두 사람의 관계에서 한 걸음 더 나아간다. 아빠라는 가족 구성원을 한 명 더 인식하게 되고, 나아가 친구, 할아버지, 할머니와 같은 제삼자의 존재도 인식하게 된다. 그리고 그들 속에서 자신이 어디에 위치해야 할지, 어떤 모습으로 있어야 할지를 모색한다. 갓난아기 때와는 비교할 수 없을 정도로 인식 능력이 급격하게 발달한다. 아이의 뇌가 엄청난 속도로 성장하는 것이다.

특히 엄마에게 집착하는 것도 이 시기다. 뭐든지 엄마와 같이하겠다고 고집을 부려서 엄마를 곤란하게 한다. 예를 들어 "오늘은 아빠랑 같이 씻어"라고 하면 "엄마가 씻겨주지 않으

고집을 부린다는 것은 아이가 성장하고 있다는 표시다

자기 나름대로 규칙을 정하고 이것을 강요한다

2살은 강한 집착과 고집을 보이는 시기로 질서기라고 부른다

면 안 씻을 거야"라면서 울고불고하면서 떼를 쓰는 것이다.

계속해서 큰 소리로 울면서 자신이 원하는 대로만 해달라고 고집을 부리면 엄마로서도 다른 할 일이 많기 때문에 정말로 짜증이 난다. "안 된다고 했지!"라고 큰소리로 야단치고 싶을 것이다. 이때는 일단 "엄마랑 같이 씻고 싶은가 보구나!"라고 아이의 감정을 수용해주어야 한다. 그래도 "엄마랑 같이 씻을래!"라고 뻗댈 때는 아이를 꼭 안고 "엄마도 ○○를 씻겨주고 싶어"라고 공감해준다. 그리고 다정한 목소리로 "미안해. 오늘은 엄마가 씻겨줄 수 없어"라고 반복해서 말한다. 즉시 알겠다고 순순히 수긍하지는 않을지라도 '엄마도 나랑 같이 씻고 싶은 마음은 있구나' 하고 엄마의 마음을 이해하게 될 것이다. 그리고 터칭을 반복하면서 아이의 마음이 침착해질 때까지 기다린다. 그런 후에 "화장실 앞까지 엄마가 같이 가줄게"라면서 아빠와 같이 셋이서 화장실 앞까지 걸어간다. 그리고 "뽀로로 비누로 씻을까?"와 같은 제안을 하여 아이의 정신을 다른 쪽으로 돌린다.

이 시기에 아이가 아빠를 따르지 않는다고 엄마들이 고민을 많이 하는데, 이것도 아이가 성장하는 데 필요한 하나의 과정이다. 시간이 지나면 곧 괜찮아지니까 크게 걱정하지 않아도 된다.

꼭 안고 아이의 감정을 받아준다

"엄마 말 안 들을 거야!"라며
고집부리는 태도는 가볍게 받아넘긴다

"밥 먹기 싫어!"
"이 닦기 싫어!"
"기저귀 갈기 싫어!"
"씻기 싫어!"
"싫어! 싫어! 싫어!"라고 할 때는
"그렇구나, 싫은가 보구나!"라고 수용해주고
타이밍을 봐서
다른 것으로 정신을 돌리게 한다.

2살 아이는 종일 엄마를 따라다니고 다리에 매달려서 "이건 뭐야?", "왜?"라고 계속해서 묻는다. 동시에 "밥 먹을래?"라고 하면 "싫어!", "이 닦을까?"라고 하면 "싫어!", "기저귀 갈자"라고 하면 "싫어!"라면서 도망치는 것도 바로 이 시기의 아이다. 2살은 아직 혼자서 밥도 먹지 못하고 화장실에도 가지 못하는 나이다. 엄마가 도와주지 않으면 혼자서는 양치질도 하지 못하고 세수도 하지 못하면서 하나부터 열까지 싫다고 뻗댄다.

매일 이런 일이 반복되면 '대체 어떻게 해야 하는 거야!'라는 생각이 든다. 우리 아이만 이렇게 기르기가 힘든 걸까 하는 생각에 걱정도 되고 울컥 짜증도 난다. 한편으로는 '나는 왜 더 넓은 마음으로 아이를 받아주지 못 하나' 하고 자신을 책망한다. 괜찮다. 다른 집 아이들도 모두 마찬가지다. 이 시기가 되면 아이는 이해할 수 없을 정도로 자신이 원하는 대로만 해야 한다고 고집을 부린다. 어쩌면 이렇게까지 끈질길까 하는 생각에 오히려 감탄하게 될 정도로 집요하다. 고집을 피우면서 울고 또 운다. 하지만 모든 아이가 그렇듯이 몇 개월만 지나면 언제 그랬냐는 듯이 순한 아이로 변한다.

"싫어! 싫어! 싫어!"는 첫 번째 반항기가 시작됐다는 표시다

우리 아이만 이렇게 기르기 힘든 걸까 하는 생각이 들겠지만……

폭풍 같은 시간은 순식간에 지나간다. 느긋한 마음으로 지켜보자

아이는 반항하면서 자아를 확립해 나간다. 따라오란다고 아무 생각 없이 따라가는 아이, 남이 시키는 대로 늘 순순히 따르는 아이는 자신의 인생을 스스로 개척해 나가지 못한다. 반항은 자신의 존재와 의사를 주장하는 것으로 사회를 살아가는 데 필요한, 인간이 가지는 중요한 성질이다.

그렇다면 아이가 반항할 때는 어떻게 대처하는 것이 좋을까. 아이가 밥을 안 먹겠다고 할 때는 "그래? 안 먹을 거야?"라고 말하고 나서 엄마가 먼저 맛있게 밥을 먹는다. 이를 닦지 않겠다고 할 때는 "그래? 안 닦을 거야?"라고 말한 다음에 "세균이 바글바글해지겠네. 어머, 무서워라"라고 말한다. 기저귀 가는 것을 거부할 때는 "그래? 갈기 싫어?"라고 적당히 대답한 다음에 타이밍을 봐서 다시 시도하면 된다. 씻기 싫어할 때는 "그럼 안 씻을 거야?"라고 말한 다음에 엄마 혼자 욕실로 들어가서 "와, 비눗방울 놀이 엄청 재밌다"고 말한다.

아쉽게도 반항기에 들어선 아이를 반항하지 못하게 만들 방법은 없다. 언젠가는 반항기가 끝난다는 것을 스스로 되새기면서, 현명하게 받아들이고 적당히 받아넘기면서 이 시기를 극복하는 것이 좋다.

반항기에는 현명하게 받아들이고 적당히 받아넘기는 것이 좋다

반항은 성장하고 있다는 증거다

초조해하지 말고 그러려니 하는 마음가짐으로 대한다

"내가 할 거야!"라면서
집중할 때는 잠자코 지켜본다

아이가 조용히 놀고 있을 때는
"뭐 해?"라고 말을 걸지 말고
혼자 내버려두는 것이 좋다.
그러다가
"나 못 하겠어", "엄마, 안아줘"
라고 울면서 오면
그때는 따뜻하게 안아준다.

2살은 반항기가 찾아오는 시기이면서 동시에 지능이 급격하게 발달하는 시기다. 언어 표현 능력이 향상되면서 부모가 하는 말을 상당 부분 이해할 수 있게 된다. 그리고 집중력이 높아지는 시기이기도 하다. 2살 이전에는 혼자서 놀지 못하기 때문에 엄마가 같이 놀아주어야만 한다. 하지만 2살이 되면 어느 날부터 갑자기 혼자서 논다. 혼자서 집중하고 있는 것이다. 이 모습을 보고 무심코 "뭐 해?", "혼자 놀아?"라고 말을 걸 수 있는데, 절대로 말을 걸지 말고 혼자서 시간을 보낼 수 있도록 해주어야 한다. 아이에게는 집중하는 것이 대단히 중요하기 때문이다. 그리고 아이가 몇 분 동안 집중할 수 있는지 시간을 재본다. 어떤 아이는 이 시기에 벌써 30분 이상 집중하기도 한다.

그리고 혼자서 잘 놀다가 갑자기 "엄마, 안아줘!"라고 한다. 이것은 놀고 싶은 만큼 집중해서 실컷 놀았기 때문에 만족한 것이다. 반대로 "으앙" 하고 울음을 터트리는 것은 무언가가 뜻대로 되지 않아서 마음이 상한 것이다. 이때는 <mark>"뭐가 잘 안됐어?"라고 아이의 마음을 수용해주고 말로 표현해주어야 한다.</mark> 또 이 나이 때에는 블록이나 퍼즐 같이 만들고 부시는 과정을 반복할 수 있는 장난감을 주는 것이 집중력을 향상하는 데 도움이 된다. 오래도록 집중해서 놀 수 있는 환경을 많이 만들어주는 것이 중요하다.

2살은 지능이 발달하고 집중력도 높아지는 때다

혼자서 놀 때는 조용히 지켜본다

안아 줘!

집중력이 떨어지면 응석을 부린다

뭐가 잘 안돼서 울 때는
"도와줄까?",
"엄마가 해줄까?"라고 물어본다

집중해서 열심히 블록을 쌓다가
"으앙" 하고 갑자기 아이가 울다.
"왜 그러니"라고 물어도
"안아 줘, 안아줘!"라면서 울기만 한다.
이때는 아이를 꼭 안고 터칭을 해준다.
그리고
"도와줄까?", "엄마가 해줄까?", "어떻게 할래?"
하고 조금씩 단계적으로 물어본다.

1살 된 아이에게 블록을 주면 아이는 블록을 하나로 높이 쌓아올리면서 논다. 그리고 애써 쌓아올린 블록을 다시 무너트린다. 이것을 계속해서 반복한다. 이것이 '실험기'의 아이가 자주 보이는 놀이 방식이다. 그러다 2살이 되면 블록을 옆으로 가지런히 배열하기 시작한다. 또 색깔별로 옆으로 배열하기도 하고 형태별로 위로 쌓기도 한다. 놀이에 규칙과 룰이 생기기 시작하는 '질서기'의 특징이다. 이런 방식으로 놀기 시작하면 지능이 발달하는 시기에 들어섰다고 판단할 수 있으므로 여러 가지를 가르쳐주도록 한다. 예를 들어 "빨간색 블록이네", "이것은 파란색이네" 하고 색을 가르쳐줄 수도 있고, "이 블록은 사각형이네", "이것은 삼각형이네"라고 형태를 가르쳐줄 수도 있다. 또 "이 블록은 크네", "이것은 작네"라고 크기를 가르쳐주면, 사물의 색깔과 형태 그리고 크기를 이해하게 된다.

또 이때가 되면 이미지를 활용한 놀이를 할 수 있게 돼서 '성'이나 '배' 같이 자신의 머릿속에 있는 이미지를 형태로 만들면서 논다. 이를 보면 아이가 많이 성장했구나 하는 생각이 들 것이다.

혼자서 잘 놀다가 갑자기 "으앙" 하고 소리 지르고 짜증을 내기도 한다. 2살 아이가 짜증을 내는 이유는 크게 두 가지다.

블록을 쌓는 방식에도 주목해야 한다

색깔별로 쌓기 시작하면 여러 가지를 가르쳐주기 시작한다

색깔과 형태, 크기 등을 이해하게 된다

하나는 자기 마음을 몰라주기 때문이고, 다른 하나는 머릿속의 이미지처럼 잘 만들어지지 않기 때문이다. 두 번째 이유로 짜증을 낼 때는 꼭 안고 터칭을 해주면서 감정을 받아준다. 그런 후에 작업을 작게 나누어 단계별로 도와준다.

구체적으로는 다음과 같이 한다. 먼저 "도와줄까?", "대신 해줄까?"라고 묻는다. 그리고 '이미지대로 완벽하게 만들고 싶어' 하는 마음에 공감해준다. "도와줄까?"라는 물음에 "응"이라고 대답한 경우에는 "이렇게 길쭉한 블록을 사용하면 다리를 놓을 수 있어"라고 조금만 도와준다. 아이가 머릿속으로 그리고 있는 이미지가 최대한 구현되도록 돕는다. 이를 통해 아이는 "완성했다!"는 성취감을 맛보는 경험을 할 수 있다. 이 경험이 새로운 동기를 부여한다. 무언가가 뜻대로 되지 않아서 울 때는 전체 작업을 작게 나누어서 단계별로 질문해줌으로써 과제를 하나씩 하나씩 마무리해나갈 수 있도록 도와주면 된다.

달성감을 맛보면 새로운 의욕이 생긴다

아이가 잘하지 못할 때는 도와주어야 한다

조금씩 단계별로 물어본다

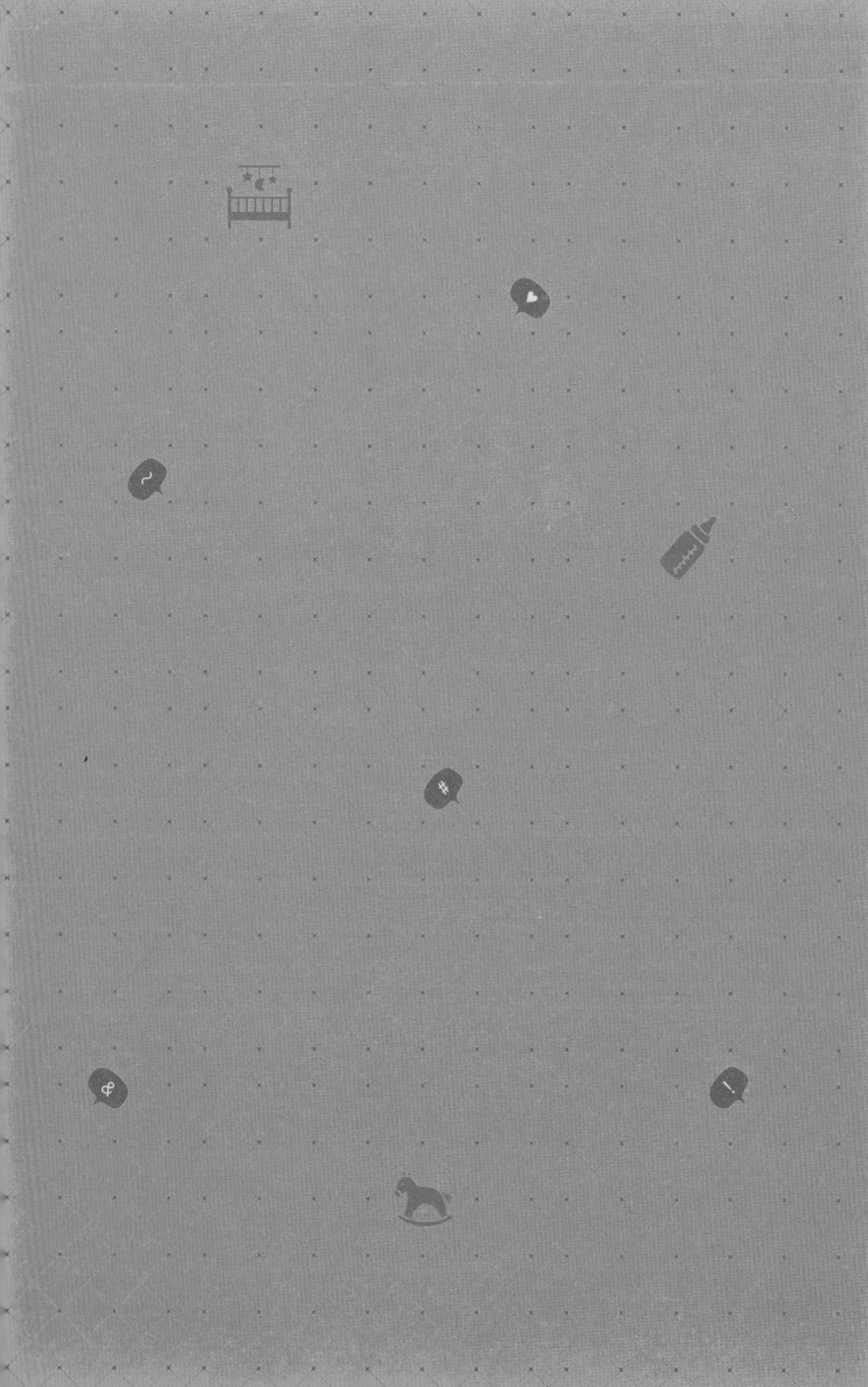

4장

3살 때는 "뭐로 할래?"라는 질문으로 도와준다

"어떻게 하는 게 좋을까?"라고
질문함으로써 스스로 생각하게 한다

직접 우유를 컵에 따르겠다고 고집을 부리더니
결국 예상대로 쏟았다.
이때는 어떻게 해야 할까.
"빨리 닦아"라고 말하면 아이는 생각하는 힘을 키우지 못한다.
"엄마가 뭐랬니"라는 말하는 것은 아이의 인격을 부정하는 것이다.
이때는 "쏟았네. 어떻게 하는 게 좋을까?"라고
질문함으로써 아이가 스스로 생각하게 만들어야 한다.
실수했을 때는 어떻게 해야 하는지를 가르칠 수 있는 좋은 기회다.

엄마가 우유를 컵에 따르려고 할 때 아이가 "내가 할래"라고 말하는 날이 올 것이다. 이때는 필히 아이에게 기회를 주자. 그리고 아이가 우유를 쏟으면 "쏟았네"라고, 아이가 방금 한 행동을 반복해서 말해준다. 우유를 쏟았다는 사실을 재인식함으로써 실수했다고 느낄 것이다. 이것으로 반성은 충분하다. 그다음에는 냉정하게 "어떻게 하는 게 좋을까?"라고 물어본다. 실수했을 때는 그 뒤처리를 어떻게 해야 하는지를 스스로 생각하게 만들어주어야 한다. "행주로 닦을래"라고 대답한 경우에는 "그래. 쏟았을 때는 행주로 닦아야 하는 거야. 그럼 같이 닦을까?"라고 말해준다. "몰라"라고 대답한 경우에는 "쏟았을 때는 행주로 닦는 거야"라고 알려주고 같이 닦는다. 그러면 다음부터는 무언가를 흘렸을 때 스스로 닦을 것이다. 그리고 다음 단계로 넘어가서 "닦은 행주는 어떻게 하는 게 좋을까?"라고 물어본다. 모른다고 대답할 경우에는 "우유를 닦은 행주는 빨아야 해"라고 가르쳐준다. 그다음에는 "빤 행주는 어떻게 하는 게 좋을까?"라고 물어보고 "빤 행주는 말려야 해"라고 가르쳐준다.

어떻게 해야 실패하지 않고 살 수 있는지를 가르치는 것이 아니라, 실패했을 때 어떻게 하면 스스로 만회할 수 있는지를 가르쳐야 한다. 실패를 두려워하지 않고 도전하는 용기 있는 사람으로 성장한다.

실수한 후의 뒤처리 방법을 아이가 스스로 생각하게 한다

"내가 할래"라고 할 때는 "그래"라고 허락하고
아이가 끝까지 할 수 있도록 이끌어준다

"위험해서 안 돼!", "더러워지니까 안 돼!"
"안 돼, 그럴 시간 없어!"
아이가 하고 싶다고 할 때 무심코 안 된다고 말하기 쉽다.
"내가 할래"라고 할 때는 "그래"라고 허락하고 일단 시킨다.
그리고 아이가 끝까지 할 수 있도록 이끌어준다.

3살은 아이가 자신 주변의 일을 스스로 할 수 있게 되는 자립의 시기다. 적극적으로 도전하고 한번 시작한 일은 끝까지 하는 습관을 형성할 수 있도록 교육해야 한다. 이 시기에 "안 돼!"라는 말로 하고 싶을 것들을 못하게 하면 "엄마 이거 해줘", "밥 아직 안 됐어?", "옷은 빨았어?"라고 하는 의존형 아이로 자라게 된다. 나중에 가서는 아이가 "옷 아직도 안 빨았어?"라고 말했을 때 "네가 직접 해!"라고 소리를 지른다. 자립의 시기에 스스로 하지 못하게 막았던 사람이 바로 엄마 본인이면서 말이다.

이런 상황이 발생하는 것을 방지하기 위해서라도 아이가 "나도 채소 씻어볼래"라고 말했을 때는 꼭 씻어볼 기회를 주어야 한다. 물론 주방은 물바다가 될 것이다. 그때는 "바닥에 물이 잔뜩 흘렀네. 어떻게 해야 할까?"라고 물은 후 "물이 넘쳤을 때는 닦아야 해"라고 가르쳐주면 된다. 물어보고 모를 때는 해결법을 가르쳐주는 방식으로 일의 끝맺음까지 아이가 혼자서 해결할 수 있도록 이끌어준다. 이렇게 하면 시간이 상당히 걸릴 것이다. 하지만 이것은 아이가 인생에서 처음으로 경험하는 일이다. 다른 사람의 손이 또 가지 않게 마지막까지 일을 끝마치도록 가르치면, 자신에게 주어진 일을 책임지고 수행하는 사람으로 성장한다.

"안 돼!"라는 말로 하고 싶은 것을 못하게 하면 의존형 인간이 된다

"어떻게 하는 게 좋을까?"라고 물으면
문제 해결력이 있는 아이가 된다

"더워. 더워"라고 아이가 말했을 때
"엄마가 에어컨 켤게"라고 곧바로 해결책을 말해버리면
아이는 생각하는 힘을 키우지 못한다.
"창문을 열까?",
"옷을 하나 벗을래?",
"부채질할래?",
"빙수라도 먹을까?"
이와 같이 여러 가지 방법을 제안해주면 발상력이 풍부한 아이로 자란다.

인간에게는 '쉐마(Schema)'라고 하는, 반복적인 경험을 통해 몸에 밴 자연스러운 동작이 있다. 예를 들어 어른이 손을 닦기 전에 자연스럽게 소매를 걷는 것과 같은 것을 말한다. 그것도 상당히 무의식적으로 그렇게 한다. 과거에 소매를 걷지 않고 손을 씻다가 소매를 적신 경험이 누구에게나 있기 때문이다. 이런 경험으로 자연스럽게 소매를 걷는 행위가 몸에 베인 것이다. 하지만 처음으로 손을 씻는 아이는 소매를 걷지 않는다. 그냥 손을 씻다가 소매를 적신 경험을 아직 한 번도 한 적이 없어서, 소매가 젖으면 기분이 좋지 않고 또 불편하다는 것을 아직 모르는 것이다. 이처럼 사람은 경험을 바탕으로 여러 가지 태도와 행동을 습득한다. 그런데 예를 들어 아이가 덥다고 했을 때 엄마가 바로 에어컨을 틀어버린다면 어떤 일이 벌어질까. 아이는 스스로 생각하고 상황에 대처하는 힘을 키울 수 없을 것이다.

이때는 "더운가 보구나. 어떻게 하는 게 좋을까?"라고 묻는 것이 좋다. 발상력이 풍부한 사람으로 자라난다.

아직 3살이기 때문에 "어떻게 하는 게 좋을까?" 물었을 때 "몰라"라고 대답할 수 있다. 아직 경험이 부족하기 때문이다. 이때는 해결책이 될 수 있는 선택지를 가능한 한 많이 제시해

아이는 스스로 생각하고 상황에 대처하는 힘을 길러야 한다

생각하는 힘을 키울 수 없다

"어떻게 하는 게 좋을까?"라고 질문함으로써 스스로 생각하게 한다

주는 것이 좋다. 단, 엄마에게 부담으로 돌아올 수 있는 선택지는 제시하지 않도록 주의한다.

"창문을 열까?"

"옷을 하나 벗을래?"

"부채질 할래?"

"빙수라도 먹을까?"

"노래 불러서 기분을 전환해볼까?"

이처럼 여러 가지 방법을 제시해준다. 그리고, "어떻게 할래?"라고 물어서 아이가 선택하게 한다.

그러면 다음부터는 아이가 스스로 생각한다.

해결책이 될 수 있는 선택지를 가능한 한 많이 제시해준다

"못 하겠어"라며 울 때는
"어떻게 해줄까?"라고 물어본다

"못 하겠어."
"으앙!" 하고 울면
솔직히 '또?'라는 생각에 짜증이 난다.
그렇지만 이때 문제를 부모가 해결해 주는 것은 좋은 방법이 아니다.
"어떻게 해줄까?"라는 질문으로
아이에게 부탁하는 방법을 가르치자.

3살 때는 뭐든지 스스로 하고 싶어 한다. 종이접기에 흥미를 갖게 된 아이가 정신없이 종이접기를 하며 놀고 있다. 그러다 종이가 꾸겨지거나 마음처럼 종이접기가 잘되지 않으면 "으앙, 엄마가 해줘!"라면서 울어버린다. 그래서 대신 접어줄라치면 "내가 할 거야!"라면서 다시 큰소리를 친다. 그리고 또 "으앙, 못 하겠어!"라면서 운다. 대체 뭘 어쩌라는 건지 알 수가 없다. 아이들 중에는 "엄마가 접어줘!"라면서 하나부터 열까지 엄마에게 해달라고 하는 아이도 있을 것이다.

아이는 왜 우는 것일까. 아이에게도 아이 나름의 이상이 있기 때문이다. 예를 들어 아이가 스스로 단추를 채우겠다고 말하는 것은 이를 할 수 있을 것이라고 생각하기 때문이다. 그런데 막상 해보면 마음처럼 잘 채워지지 않는다. 손끝의 움직임이 아직 덜 발달했기 때문이다. 이때 아이는 이상과 현실이 다르다는 사실에 분해서 우는 것이다.

이때는 "잘 안되나 보구나!"라고 아이의 현재의 상태를 말로 표현해준다. 그리고 "어떻게 하고 싶어?"라고 묻는다. 3살이 되면 대부분의 아이는 분명하게 대답할 수 있을 정도로 성장한다. 그리고 욕구는 아이 한 명, 한 명마다 다르다. 스스로 해결하고 싶어 하는 아이에게는 "도와줘!"라는 말을 가르친다.

스스로 해결하고 싶어 하는 아이에게는 "도와줘"라는 말을 가르친다

이를 통해 아이는 도움을 받으면 목표를 달성할 수 있다는 사실을 알게 된다. 방법을 모르는 아이에게는 "가르쳐 줘!"라는 말을 가르친다. 지식을 얻는 방법을 알게 될 것이다. "엄마가 해줘!"라고 할 경우에는 아직 3살이니까 대신해주어도 괜찮다. 왜냐하면 3살 아이가 무언가를 못하는 것은 기술이 미숙하기 때문이지 의욕이 부족하거나 노력할 마음이 없는 것이 아니기 때문이다. 엄마가 대신해줘서라도 달성감을 느끼도록 해주는 것이 아이에게는 도움이 된다.

아이가 달성감을 느낄 수 있도록 도와준다

혼자서 잘 못 할 때는 도와준다

"엄마, 엄마. 오빠가 때렸어!"
라고 작은 아이가 일렀을 때는 어떻게 하는 것이 좋을까.
"그러면 안 되지"라고 하면
부모가 고자질에 가담하는 것이 된다.
"엄마가 뭐라고 해줄게"라고 하면
아이에게는 교섭하는 능력이 생기지 않는다.
"그렇구나. 그리고 또?"
라고 물어보자.
어떻게 해야 할지 아이가 스스로 생각하게 된다.

3살 아이가 무언가를 이르는 것은 자신의 감정을 이해해줬으면 하기 때문이다. 아이가 느낀 복잡한 감정을 반복해서 말로 표현해주면 아이는 점차로 안정을 되찾는다. 작은 아이가 엄마에게 일렀을 때는 먼저 "오빠가 때렸구나"라고 작은 아이가 한 말을 반복해서 말해준다. 지금 어떤 일이 일어났었는지를 아이가 재차 이해하는 데 도움이 된다. 그다음에는 "그리고 또?"라는 말로 다음 이야기를 유도한다. "곰돌이로 때렸어", "아팠어", "나빴어"라고 말할 것이다. 그러면 "그랬구나", "곰돌이로 때렸구나", "아팠구나", "나쁘다고 생각했구나"라고 아이가 한 말을 모두 수용해주고 반복해서 말해준다. 자기가 하고 싶은 말을 다 하고 나면 마지막으로 "응. 그랬어"라고 하고 후련하다는 표정으로 다시 뒤돌아서 놀러 갈 것이다.

이때 큰 아이를 불러서 "왜 때렸니?"라고 질책하지 않고, 한결같이 작은 아이의 이야기를 들으면서 "그리고 또?"라고 물어보는 것이 중요하다. 가능한 한 싸움은 아이들끼리 해결하는 것이 좋다. 아이들끼리 이야기해서 모두 만족할 수 있는 결론을 도출하는 것이 좋은 방법이다. 초등학생이 되어 아이들로만 구성된 세계에 들어가게 됐을 때 어릴 때부터 키워온, 대화하는 힘과 교섭하는 힘을 발휘하게 될 것이다.

아이의 말을 수용해주고 반복해서 말해준다

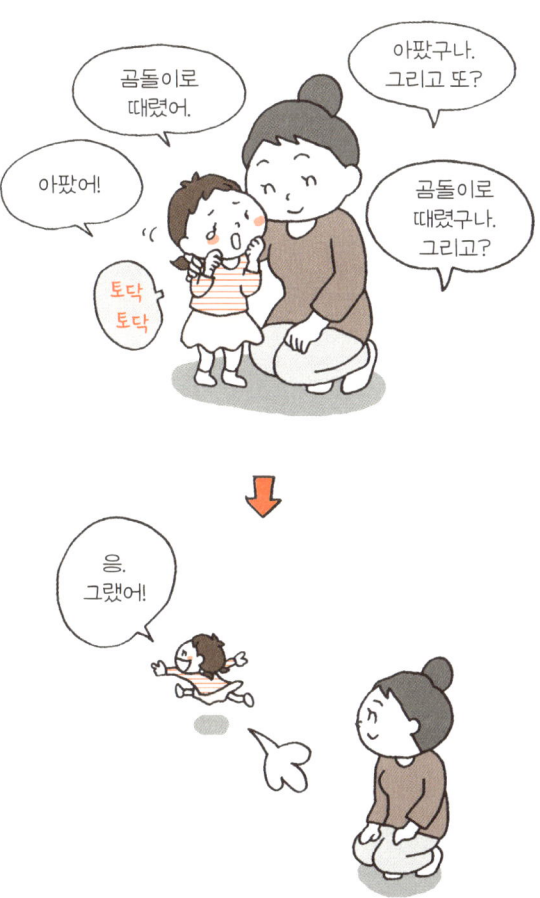

복잡한 감정을 모두 표출하면 아이는 마음이 후련해진다

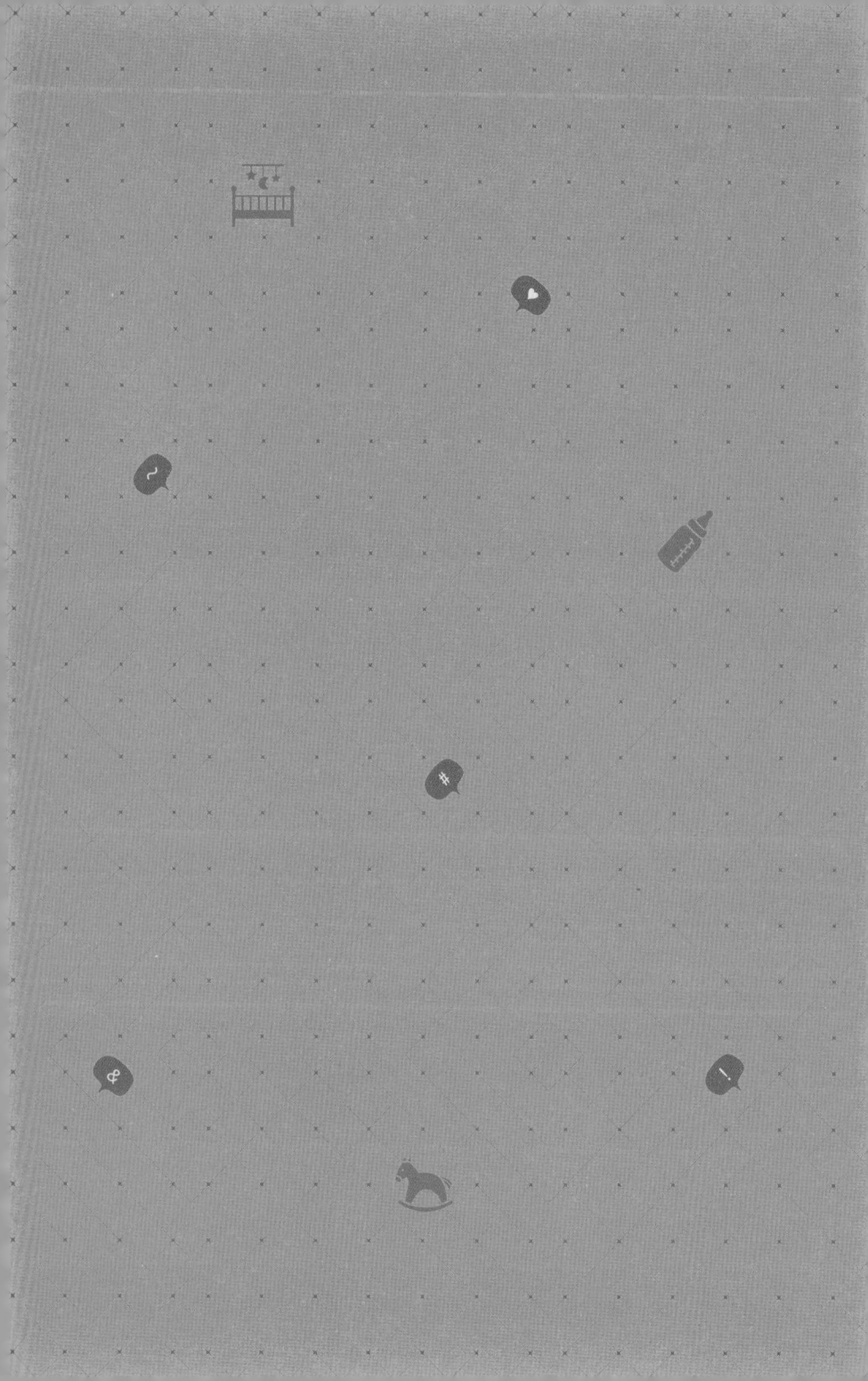

5장

4살은 "뭘 해야 하지?"라는 질문으로 스스로 생각하게 한다

"뭘 해야 하지?"라는 질문으로 예측하는 힘을 키워준다

"신발 가지런히 놔."

"네."

이런 방식으로 해서는 매일 끊임없이 엄마가 지시해야만 한다. 예절 교육에는 타이밍이 중요하다. 현관문을 열기 전에 "집에 들어가면 뭘 해야 하지?"라고 물어보자.

4살이 되면 기억력이 발달하면서 앞으로의 일을 예측하는 힘에 관여하는 예측뇌가 발달한다. 이 시기에는 다음에 해야 할 일을 상상해보게 함으로써 예절을 가르칠 수 있다.

4살짜리 건강한 남자 아이가 있었다. 이 아이는 친구네 집에 놀러 가면 언제나 "안녕하세요"라고 인사한 뒤에 휙 하고 신발을 벗어 던지고 집 안으로 들어갔다. 그러면 뒤따라서 도착한 아이의 엄마가 "잠깐! 신발!"이라고 호통을 쳤다. 그러면 아이는 잘못했다는 표정으로 돌아와서 신발을 가지런하게 놓았다.

　"안녕하세요"라고 제대로 인사를 한 점, 그리고 "잠깐! 신발!"이라는 말을 듣고 무엇을 해야 하는지 바로 이해한 점으로 미루어봤을 때 아이는 엄마에게 제대로 예절교육을 받고 있는 것이 분명하다. 하지만 이대로라면 매일 말해야만 아이가 신발을 가지런히 놓을 것이다.

　이 시점에서 엄마들에게 다음과 같이 해보라고 했다. 현관문을 열기 전에 아이를 한 번 멈춰 세우는 것이다. 그리고 아이의 어깨를 두드리고 "집에 들어가면 뭘 해야 하지?"라고 묻는 것이다. 아이는 엄마의 질문을 듣고 '음. 뭘 해야 하지……? 아, 그래! 신발을 벗고 가지런하게 놓아야 해' 하고 다음에 어떤 행동을 해야 할지 예측하게 된다. 그러면 그대로 행동한다.

　남자 아이의 엄마는 바로 다음날부터 내가 권해준 대로 했다. 남자 아이가 현관문 앞에 도착했을 때 어깨를 두드리고 "집에 들어가면 뭘 해야 하지?"라고 물었다. 그러자 남자 아

소리친다고 해결되는 일은 아무것도 없다

어릴 때 습관이 형성되지 않으면,

커서도 계속 말해야만 한다

이는 스스로 생각을 한 후 "신발을 가지런하게 놓고 방안으로 들어가야 해!"라고 대답했고, 말한 대로 신발을 놓고 방안으로 들어갔다. 그 후로 2주 동안 아이의 엄마는 끈기 있게 이것을 반복했다. 현관문을 열기 전에 뭘 해야 하느냐고 물으면 그때마다 아이는 매번 신발을 가지런하게 놓게 됐다. 이 아이는 머지않아 어깨를 두드리는 것만으로도 신발을 가지런하게 놓아야 한다는 것을 떠올릴 것이다. 이 아이에게 필요했던 것은 아무렇게나 벗어놓은 신발을 가지런하게 놓으라는 명령이 아니라, 현관문을 열기 전에 신발을 가지런히 놓아야 한다는 것을 떠올리는 습관의 형성이다. 덧붙여서 아이가 현관문 손잡이를 잡을 때마다 "뭘 해야 하지?"라고 습관적으로 물어보면, 나중에는 손잡이 잡을 때마다 "집에 들어가면 뭘 해야 하지?" 하고 스스로 생각하게 된다. 이것을 여러 가지 다른 상황에서 응용할 수 있다. 아이가 아침에 일어났을 때는 "일어나서 뭘 해야 하지?", "세수하고 밥을 먹어야 해", "그렇지"와 같이 이야기 할 수 있고, 유치원 앞에서는 "유치원에 들어가면 뭘 해야 하지?", "가방을 사물함에 넣어야 해", "그렇지"와 같이 이야기를 나눌 수 있다. 포인트는 직전에 물어본다는 것이다.

2주 동안 지속하면 습관화할 수 있다

"언제?", "어디?"라는 질문으로 구체적인 행동을 유도한다

지저분하게 장난감을 늘어놓은 방을 볼 때
"정리하라고 했지!"
"다 내다 버린다!"
라는 말을 하기 쉽다.
이때
"장난감은 어디에 둬야 하지?"
"언제 정리할 거니?"
라고 물으면
아이가 스스로 행동하게 된다.

4살은 자율성이 발달하는 시기다. 자율성이란 자신의 기준에 따라서 스스로를 규제하는 힘이다. 감정을 콘트롤하고 인내하고 노력하는 데 필요한 능력이다. 자율성이 발달하는 이 시기는 기초교육을 하기에 가장 적당하다.

룰과 규칙을 확실하게 가르치고 약속을 잘 지키도록 교육하면 사회의 규율을 잘 지키는 사람으로 성장한다. 이를 위해서 아이의 일상생활인 양치질하기와 손 씻기와 같은 습관교육, 인사하기와 같은 예절교육, 그리고 정리정돈 습관 등을 확실하게 교육해야 한다. 그런데 가정교육을 한다는 것이 그렇게 쉬운 일이 아니다. "다 놀았으면 장난감을 치워"라고 시끄럽게 잔소리를 해도 거실 바닥은 항상 장난감으로 지저분하다. 작은 블록이라도 밟게 되는 날에는 눈물도 나고 "아야, 아파……. 진짜! 치우라고 했지! 한 번만 더 안 치우면 다 내다 버리는 줄 알아!"라고 저절로 큰소리를 치게 된다. 그러면 엄마의 기세에 눌린 아이가 마지못해서 치우거나 울면서 정리한다. 하지만 매일 이런 상황이 반복되면 부모도 자식도 지치기 마련이다.

이때는 먼저 평정심을 되찾아야 한다. 그리고 아이에게 "장난감을 어떻게 해야 하지?"라고 물어본다. 아이 대부분이

생활습관교육과 예절교육이 교육의 기본이다

"정리해야 해……"라고 대답할 것이다(그렇게 대답하지 않을 때에는 "정리해야지"라고 알려준다). 그러면 "그렇지, 맞았어. 자, 그럼 정리할까?"라고 말하고 지켜본다. 정리정돈을 하는 습관을 형성하는 것이 목적이므로 "혼자서 못 하겠어", "엄마랑 같이 할래"라고 할 때는 도와주어도 괜찮다. 필요에 따라서 "장난감네 집이 어디지?", "빨간색 상자", "그렇지. 그러면 장난감들이 집으로 돌아갈 수 있게 도와주자"와 같이 재미있게 말해주는 것도 좋다. 장난감을 정리하라고 말했는데도 아이가 계속 집중해서 놀 경우에는 "언제 정리할 거니?"라고 질문하고 아이에게 결정권을 주는 것이 좋다. "종이접기 다 하고 나서"라고 대답한 경우에는 "그래, 그러면 종이접기를 다 한 후에는 정리해야 해"라고 말하고 나서 약속을 이행하도록 교육한다.

"정리해!"라고 하면 아이는 "응!" 혹은 "싫어!"라는 말로만 대답한다. 아이가 스스로 생각하게 만드는 질문을 하는 것이 포인트다. 이런 대화를 통해 아이는 스스로 생각하고 스스로 과제를 해결하는 힘을 키워나간다.

생각하게 만드는 질문이 아이의 과제 수행 능력을 키운다

아이가 스스로 '언제', '어떻게 할 것인가'를 정한다

"사 줘!"라고 조를 때는
"그래"라고 대답한 후에
참는 법을 가르친다

"장난감 사줘!"
"안 돼!"
"사 줘! 엄마, 사 줘!!"
"안 된다고 했지!"
이때는
"그래"
"엄마가 시장 다 볼 때까지 기다려"라고 말하고
참는 법을 가르친다.

4살이 되면 감정을 조절하는 능력이 발달하면서도 인내와 노력을 할 수 있는 한편 자기주장도 강해진다. 자아가 강한 아이는 "싫어!", "엄마 미워!"와 같은 부정적인 말로 감정을 표출하기도 하고 사람을 때리거나 물건을 던지기도 한다. 이 시기에는 조르고 떼를 쓰면서 한층 심하게 반항을 한다.

마트에서 큰 소리로 "과자 사 줘!"라며 시끄럽게 소리 지르는 것도 이 시기다. 가볍게 생각하고 "오늘은 안 살 거야"라고 대답하면 "싫어! 사 줘! 사 줘!"라면서 더 크게 소리를 지르고 팔다리를 버둥거린다. 아이의 목소리가 커지면 엄마도 흥분하게 된다. "안 사준다고 했지! 두고 간다!"라고 하고 그 자리에 아이를 두고 가버리기도 한다. 그러나 혼자 남겨진 후에도 아이가 계속 울면 남들의 이목이 신경 쓰여서 결국에는 "아, 진짜……. 오늘만이야"라며 어쩔 수 없이 사주는 엄마도 많다. 그러면 그때까지 울던 아이의 표정이 순식간에 바뀌면서 만족스럽다는 듯 과자를 움켜잡는다. 엄마는 화가 나서 두 번 다시 데려오지 않겠다고 속으로 생각한다. 이런 경험을 하면 아이는 '울면 엄마가 과자를 사주는구나' 하고 생각하기 때문에 결국에는 나쁜 습관이 형성된다.

울면서 떼쓰는 아이가 해달라는 대로 해주면 나쁜 습관을 형성하게 된다

아이가 "사 줘!"라고 할 때는 일단 "그래"라고 하고 그다음에 "엄마가 시장 다 볼 때까지 기다려"라고 덧붙여 말해야 한다. 아이에게는 눈앞의 욕구가 충족되는 것이 가장 중요하기 때문에 틀림없이 알겠다며 엄마의 조건을 받아들일 것이다. 그리고 시장을 보는 동안 아이가 기다리면 마지막에 "기다려 줘서 고마워"라는 말과 함께 과자를 사준다. 이렇게 2주 동안 반복한다.

2주가 지나면 그때부터는 과자를 사달라고 할 때 "좋아. 내일 사줄게"라고 말한다. 알겠다고 대답할 것이다. 엄마가 제시하는 조건을 아이가 받아들일까 싶겠지만, 대부분의 아이는 받아들인다. 왜냐하면 2주 동안 엄마가 약속을 지켰기 때문에 이번에도 지킬 것이라고 믿기 때문이다. 자신이 요구가 틀림없이 받아들여질 것이라는 것을 알 때 아이는 참을 수 있게 된다. 이렇게 참는 법을 가르치는 것이다. 더 시간이 흐른 후에는 "좋아. 금요일에 사줄게"라고 말한다. 그러면 금요일을 제외한 다른 요일에 아이가 먼저 "오늘은 과자 못 사는 날이니까 장 보러 같이 안 갈래"라고 말하는 날이 온다. 참는 시간을 조금씩, 조금씩 늘려나가는 것이 포인트다.

요구가 틀림없이 받아들여질 것이라는 것을 알 때 아이는 참을 수 있게 된다

더 놀고 싶어 할 때는
"5번 더 타도 돼"라고 허락해준다

아이가 집에 가려고 하지 않을 때가 있다.
"이제 집에 가자."
"싫어! 미끄럼틀 더 탈 거야."
"엄마는 시장 보러 가야 해."
"싫어! 더 놀 거야."
"아, 진짜. 몰라! 엄마는 갈 거야."
이때는 "5번 더 타도 돼"라고 말한다.
대화하는 방법을 배우게 될 것이다.

해가 기울고 있을 때 놀이터에서 미끄럼틀을 타며 놀고 있는 아이에게 이제 집에 가자고 말하면 매번 "싫어! 더 놀 거야"라고 한다. 공원이나 놀이터에서 놀면 몇 시간을 놀아도 아이는 질릴 줄을 모른다. 시간이 조금 흐른 후에 다시 집에 가자고 말해도 아이는 계속해서 싫다고 하면서 더 놀겠다고 한다.

"엄마는 시장 보러 가야 해."

"싫어!"

"싫어도 할 수 없어."

"싫어!"

"말 안 들으면 귀신이 잡아간다!"

"으앙, 싫어!"

이런 상황이 반복되면 나중에는 놀이터에 데리고 나가는 것도 겁이 난다. 이럴 때는 다음과 같이 대화를 진행해 보자.

"이제 집에 가자."

"싫어."

"싫은가 보구나. 그러면 미끄럼틀 5번 더 타도 돼."

엄마가 예상 밖의 욕구를 수용해준 상황에 아이는 깜짝 놀라면서도 "어? 정말로?"라며 좋아할 것이다. 그리고 미끄럼틀을 타는 동안 아이 곁에서 5까지 숫자를 같이 센다. 미끄럼틀

아이의 요구를 수용해준다

이런 대화를 반복하는 것은 피곤한 일이다

구체적인 수치를 제시하고 요구를 들어준다

을 5번 타는 시간은 눈 깜짝할 새 지나간다. "집에 가자", "싫어"를 수없이 반복하는 것보다 훨씬 간단하다.

이것은 놀이터에서뿐 아니라 다양한 상황에서 사용할 수 있는 방법이다. 아이가 놀이에만 몰두하고 다른 것은 하려고 하지 않을 때에 유용하게 쓸 수 있다. 중요한 것은 <mark>아이의 주장을 일단 "그래"라고 수용해주는 것이다. 그다음에 부모가 '5번', '10번' 이렇게 숫자를 넣어서 자신의 요구 사항을 분명하게 제시하는 것이다.</mark> 아이는 아직 숫자와 시간의 개념을 분명하게 갖고 있지 않기 때문에, 일단 자신의 주장을 받아준 것에 만족해서 부모의 요구를 받아들일 것이다.

그리고 신기하게도 아이들은 자신이 수긍한 약속을 잘 지킨다. 이런 대화를 지속하면 아이는 반드시 약속을 잘 지키는 사람으로 자랄 것이다. 말 잘 듣는 아이란 자신의 의견을 억누르고 타인의 의견을 존중하는 아이가 아니라, 자신의 의견을 주장한 후에는 상대방의 의견도 수용하는 아이다.

아이로 하여금 몇 번을 탈 것인지 약속하게 한다

"보여주고 싶은 것이 있니?
5분 있다가 갈게"라는 말로
서로 조금씩 양보한다

"엄마, 엄마. 이것 좀 봐 봐!"
"엄마!"
"엄~마~!"
"아휴, 시끄러워! 나중에!"
이때는
"보여주고 싶은 것이 있니? 5분 있다가 갈게"라고
분명하게 수치로 조건을 말하자.

"엄마, 엄마, 이것 좀 봐 봐! 이쪽으로 와 봐!"라면서 식사 준비를 할 때도, 청소할 때도, 전화할 때도, 누구와 이야기를 나눌 때도 아이는 엄마를 부른다. 온종일 엄마를 부르는 아이에게 처음에는 "그래, 그래"라고 대답해준다. 하지만 시간이 흐르면서 "지금 바빠!"라고 거부하게 되고 나중에 가서는 "시끄러워!"라고 소리치게 된다. "지금 엄마가 뭐 하고 있는지 알아? 전화 통화 중이잖아. 엄마가 어른하고 이야기하고 있을 때 끼어들면 안 된다고 말했지? 몇 번 말해야 알아들을 거니?"라고 안 해도 될 말까지 하면서 아이를 질책하게 된다.

아이는 언제 어디서나 엄마가 너무 좋다. 재미있는 것을 발견했을 때는 엄마에게 보여주고 싶고, 슬픈 일이 있었을 때는 엄마에게 위로받고 싶다. 하지만 엄마에게도 엄마의 생활이 있다.

이때는 "보여주고 싶은 것이 있구나!"라고 아이에게 한 번 관심을 보이고 나서, "5분 있다가 갈게"라고 조건을 분명하게 수치로 말하는 것이 좋다. 그리고 5분이 지난 다음에는 "기다려줘서 고마워"라고 말하고 나서 제대로 집중해서 아이의 이야기를 들어 주어야 한다.

아이가 5분 동안 기다리지 못하는 경우에는 10초부터 기다리는 연습을 시킨다. "10초 동안 기다려줘"라고 말하고 나서

아이의 요구에 짜증이 날 때

같이 열을 세는 것이다. 그리고 "기다려줘서 고마워"라고 말하고 아이의 이야기를 들어준다. 10초에 성공하면 "20초 동안 기다려줘", "30초 동안 기다려줘"라고 하면서 시간을 조금씩 늘려나간다. 1분간 기다릴 수 있게 되면 5분도 큰 어려움 없이 기다릴 수 있게 된다. 왜냐하면 그때쯤에는 엄마는 조금만 기다리면 틀림없이 이야기를 들어줄 것이라는 '신뢰'가 형성되기 때문이다. 머지않아 "30분 기다리면 되지?"라고 아이가 먼저 제안하게 될 것이다.

단, 주의해야 할 점이 있다. 기다리라고 했으면 정해진 시간 후에는 약속을 지켜야 한다는 점이다. 자신의 요구를 틀림없이 들어줄 것이라는 믿음이 생겼을 때 아이는 그것을 바탕으로 인내할 수 있기 때문이다. 그러므로 아이와 한 약속은 반드시 지켜야 한다.

"5분만 있다가 갈게"라고 구체적인 시간으로 말한다

6장

5살은 'I 메시지'로 배려심을 키운다

* · * · *

방을 잘 정리했을 때는
"착하다"고 하지 않고
"기분 좋다"라고 말해준다

방을 잘 정리한 아이에게
"착하다"고 하면
아이는 착하다는 말을 계속 듣고 싶어 하는 아이가 된다.
"깨끗하게 치웠구나.
기분 좋다"라고 하면
기분 좋게 함께 사는 것이
중요하다는 것을 알게 된다.

방이 지저분할 때 "놀았으면 장난감 치우라고 수없이 말했지"라고 잔소리를 하고, 반대로 방이 깨끗하게 잘 정리되어 있을 때는 "착하다"고 칭찬을 한다. 하지만 우리는 이 "착하다"라는 말에 대해 생각해봐야 한다. 아이는 칭찬으로 키우라는 말이 있지만 이 "착하다"는 말은 너무 자주 사용하면 "엄마 말을 잘 들어서 착하다"라는 메시지로 잘못 전달될 수가 있다.

5살 때는 타인의 기분을 이해하는 공감 능력이 발달한다. 이때가 되면 자신이 한 행동이 상대방에게 어떤 영향을 끼칠 수 있는지, 자신이 한 말 때문에 상대방이 어떤 기분을 느낄 수 있을지를 이해하게 된다. 이러한 특징을 지니는 5살 아이에게는 자신의 감정을 표현하는 'I 메시지'를 사용하는 것이 좋다. I 메시지의 I는 나를 의미한다. 이것과 대조를 이루는 메시지가 'YOU 메시지'다. '착하다'의 주어는 '너'다. 즉 착하다는 말에는 '너는 정리를 잘하는 착한 아이다'라는 평가의 의미가 담겨있다. 그래서 '착하다'라는 YOU 메시지를 자주 들으면 아이는 타인의 평가를 신경 쓰는 사람으로 자란다.

그러므로 YOU 메시지를 I 메시지로 바꿔서 말하는 것이 바람직하다. "거실이 깨끗해서 기분이 좋네"라고 말하는 것이 그 예다. '네가 거실을 깨끗하게 치워준 덕분에 기분이 좋

말하는 사람의 감정을 I 메시지로 말한다

YOU 메시지

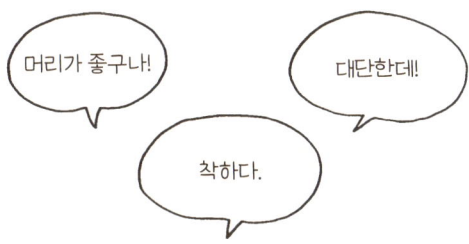

YOU 메시지를 들으면 남에게 칭찬받고 싶어 하는 사람으로 자란다

I 메시지

I 메시지를 들으면 배려심 있는 사람으로 성장한다

구나'라는, 말하는 사람의 기분을 표현하는 메시지다. "거실의 장난감을 정리하지 않았네. 섭섭하구나"라고 말할 수도 있다.

I 메시지를 사용하면 아이는 자신의 행동이 타인에게 영향을 줄 수 있다는 것, 타인을 기쁘게 할 수도 있고 슬프게 할 수도 있다는 것을 알게 된다. I 메시지는 배려심을 키워주는 메시지다.

I 메시지로 배려심을 키운다

YOU 메시지를 들으면 칭찬받고 싶어 하는 아이로 성장한다

I 메시지로 말하면 공감 능력이 발달한다

아이가 친구를 때렸을 때는 "엄마의 마음이 아프다"라고 말한다

아이가 친구를 때렸을 때
"그러지 마", "친구가 아프잖아"라고 말해주면
맞으면 아프다는 것을 알게 된다.
나아가
"네가 친구를 때리면
엄마의 마음이 아파"
라고 말하면
자신의 행동 때문에 가족의 마음까지
불편해질 수 있다는 것을 알게 된다.

아이가 친구와 싸웠을 때, 친구를 때렸을 때, 남에게 상처가 되는 말을 했을 때는 상대방이 어떻게 느낄 수 있는지를 분명하게 가르쳐야 한다. 이때는 "그러지 마", "하지 마"라고 말하는 것만으로는 부족하다. "때리면 친구가 아프잖니", "친구에게 상처가 되잖아"라고 상대방의 기분이 어떨 수 있을지까지 가르쳐야 한다.

그리고 "네가 친구를 때리거나 친구와 싸우는 모습을 보면 엄마는 마음이 아파"라고 엄마의 마음도 알려준다. 그러면 자신의 행동이 친구에게 상처가 될 뿐 아니라 가족을 비롯한 주변 사람에게도 영향을 준다는 것을 알게 된다.

이기적인 행동을 하고도 '누군가에게 직접 피해를 준 것도 아니니까 뭐 이쯤은 괜찮겠지'라고 생각하는 어른이 있다. 이런 어른이 많이 생기지 않기 위해서라도 자기중심적인 행동을 하면 직접 타인에게 해를 않더라도 간접적으로 타인을 불쾌하게 할 수 있다는 사실을 어릴 때부터 확실하게 가르쳐야 한다. 커뮤니케이션 능력은 타인과 관계를 맺으며 살아가는 데 필요한, 중요한 능력이다. "슬프구나"라는 말을 비롯하여 "서운하구나", "실망했다", "마음이 아프다" 등등, 그때그때 느낀 감정을 I 메시지로 표현함으로써 아이에게 주변 사람을 배려하는 마음을 키워줄 수 있다.

"때리면 친구가 아프잖니"라고 상대방의 느낌을 가르쳐준다

계산을 잘했을 때는
"머리가 좋네"가 아니라
"해냈구나!"라는 말로 칭찬한다

계산을 잘했을 때
이름을 쓸 수 있게 됐을 때
"머리가 좋네!"라고 하면
아이는 남의 평가를 신경 쓰는 사람이 된다.
대신에 "해냈구나!"라고 하면
아이는 성장을 추구하는 사람으로 성장한다.

5살이 되면 이름을 쓸 수 있게 되고 계산을 할 수 있게 된다. 이 모습을 보면 부모는 기분이 좋아져서 "대단한데", "훌륭하다", "머리가 좋네"라고 칭찬을 한다. 하지만 잠시 생각해봐야 한다. 머리가 좋은 것이 대체 누구와 비교해서 머리가 좋다는 것이며, 누구랑 비교해서 착하다는 것인가. 무심코 사용하는 이 말은 잘 생각해보면 타인과 비교하는 말이다. 아이들은 저마다 다른 개성을 갖고 있다. 다른 아이와 비교하는 것은 의미가 없는 일이다. 어제보다 더 성장했다는 사실에 초점을 맞춰야 한다. 예를 들어 1부터 10까지 셀 수 있었던 아이가 20까지 셀 수 있게 됐을 때 "해냈구나!"라는 말로 칭찬해주는 것이다. 오늘의 내가 어제의 나보다 더 성장했다는 것에 기쁨을 느낄 것이다. 나아가 "놀랬어!"라고 I 메시지로 엄마의 기분을 표현해준다면 "정말?"이라며 행복 웃을 것이다.

　아이의 성장을 매일 주의 깊게 살펴보면 아이의 성장은 작은 '해냄'의 연속이라는 것을 알 수 있다. 그 작은 성장을 발견할 때마다 "해냈구나!"라고 말해주어야 한다. "대단한데", "머리가 좋구나"라는 칭찬을 들었을 때의 기쁨보다 어제보다 성장했다는 것을 실감했을 때 느끼는 기쁨이 사회를 헤쳐나갈 힘을 더 많이 키워준다. 남과 비교하는 데 신경 쓰는 사람이 아닌, 자신의 성장에 주의를 기울이는 사람으로 성장한다.

"해냈구나!"라는 말로 자신의 성장에 집중하는 아이로 키운다

남과 비교당하는 것은 괴로운 일이다

어제보다 성장한 자신의 모습에 기뻐한다

인사를 잘했을 때 "기쁘구나!"라고 말해주면 공감의 기쁨을 알게 된다

인사를 잘했을 때
"착하다"고 하면
착한 아이를 연기하는 아이가 된다.
인사를 잘했을 때는
"씩씩하게 인사하니까 엄마가 기분이 좋다"라고 말해주자.
그러면 아이는
자신이 타인을 행복하게 만들어 줄 수 있는
존재라는 것을 알게 된다.

5살이 되면 타인의 감정을 이해할 수 있다. 그리고 엄마가 한 말을 이해하고 실행할 수도 있다. 엄마가 "고맙습니다라고 인사해야지"라고 하면 아이는 큰 소리로 씩씩하게 인사를 하고, "양치질하고 손 씻어"라고 말하면 집에 돌아왔을 때 스스로 알아서 양치질하고 손을 씻게 된다. 지금까지 엄마가 반복해서 잔소리해야 했던 것을 아이가 척척 알아서 하는 모습을 보면 "착하다", "똑똑하기도 하지"라고 칭찬하고 싶은 마음이 든다. 그런데 이때 주의해야 할 점이 있다. 아이는 기본적으로 엄마에게 칭찬받는 것을 좋아하기 때문에 계속해서 '착한 아이'가 되려고 한다는 점이다. 이 때문에 칭찬받을 수 있는 일인지 없는 일인지만 신경 쓰는 아이가 될 수 있다.

이때는 I 메시지로 엄마의 마음을 표현해야 한다. 인사를 잘했을 때는 "인사를 잘하는 모습을 보니 엄마가 기분이 좋구나", 양치질과 손 씻기를 잘했을 때는 "안심된다. 네가 병에 걸리면 엄마가 마음이 아프거든"이라고 솔직하게 마음을 표현한다. 신발을 가지런하게 벗었을 때는 "신발이 가지런하게 놓여있으니까 기분이 좋다"라고 하고, 또 가족들의 신발까지 정리했을 때는 "고마워", "기쁘구나"라고 말해준다. 이를 통해 아이는 자신의 행동이 타인을 행복하게 만들 수 있다는 것을 알게 된다.

아이는 항상 칭찬을 받고 싶다

아이는 부모의 기대에 부응하고 싶다

어떤 평가를 받게 될지를 지나치게 신경 쓰는 아이로 자랄 수 있다

··*

유치원에서 어떻게 지냈는지를
말하지 않을 때는 어떻게 해야 할까?

"오늘 유치원에서 뭐 했어?"라고 물어도
"몰라"라는 대답만 할 때가 있다.
이때는 아이의 '현재'에 관심을 두고 말을 건다.
"아직 땀을 흘리는 것을 보니
열심히 뛰어놀았나 보구나"라고 말해보자.
무엇을 했었는지가 잘 떠올라서
말을 잘하게 된다.

5살이 되면 아이는 슬슬 유치원에 다니기 시작한다. 집으로 돌아온 아이에게 부모는 "오늘은 유치원에서 뭐 했니?", "친구들이랑 사이좋게 놀았어?"라고 묻고 싶다. 그런데 이 질문에 아이가 모른다는 말만 할 때가 있다. 이것은 아이의 기억 정리 능력이 아직 미숙하기 때문이다. 그날 있었던 일들이 머릿속에 뒤죽박죽으로 엉켜있어서 기억이 잘 떠오르지 않는 것이다. 즉 모른다는 말은 거짓말이 아니다. 정말로 생각이 잘 나지 않아서 그렇게 대답한 것이다. 특히 남자 아이에게 이런 경향이 더 짙다.

아이가 어떻게 지냈는지 알고 싶을 때는 아이의 '현재'에 관심을 두고 말을 건네는 것이 좋다. "아직 땀을 흘리는 것을 보니 열심히 뛰어놀았나 보구나"라고 말하는 것이다. 아이는 지금 자신의 이마에 흐르는 땀을 보고 친구와 땀 흘리며 놀았던 기억을 떠올릴 수 있게 된다. 그러면 "응, 애들이랑 술래잡기하면서 놀았는데 난 한 번도 안 잡혔어. 그런데 수현이가 계속 술래가 되는 거야. 결국에는 울어서 내가 수현이 대신에 술래를 해줬어"라고 말하게 될 것이다. 땀이 계기가 되어 연상되는 기억을 줄줄이 말하면 부모는 아이가 친구와 무엇을 하며 놀았으며 어떻게 놀았는지를 충분히 알 수 있다.

아이는 그날 있었던 일을 순발력 있게 말하지 못한다

그날 있었던 일을 아이가 떠올리지 못하고 있다

힌트를 주면 잘 떠올린다

7장

6살 때는 '사랑 메시지'로 자존감을 키운다

"고마워"라는 말을 듣고 자란 아이는 다정한 사람으로 성장한다

친구에게 장난감을 빌려주지 않았을 때
"친구에게 빌려줘",
"친절하게 대해야지"라고 하면
아이는 자신의 기분을 표현해서는 안 된다고
생각하게 된다.
다정한 사람으로 성장하길 바랄 때는
부모가 먼저 진심으로
"고마워"라고 말해야 한다.
그것으로 충분하다.

"고맙습니다라고 해야지"라고 무서운 얼굴로 아이를 압박하는 엄마를 종종 목격한다. 아이는 작은 목소리로 "고맙습니다"라고 말은 하지만 한눈에 보기에도 그런 마음이 조금도 없는 것 같다. 아이에게 배려심과 다정함을 가르치고 싶을 때는 부모가 먼저 진심으로 "고마워"라고 말해야 한다. 그것으로 충분하다. 아이는 엄마를 정말로 사랑한다. 엄마가 식사 준비를 하면 "내가 도와줄래"라고 말하는 아이도 있을 것이고, 무거운 짐을 들고 있으면 "내가 같이 들어 줄게"라면서 도와주려는 아이도 있을 것이다. 사람에게는 태생적으로 남에게 도움을 주고 싶은 본능적인 욕구가 있다. 심리학에서는 이것을 효능감이라고 한다.

엄마가 "고마워"라고 말하면 도움이 됐다는 메시지가 아이에게 전달된다. 아이는 '내가 엄마에게 도움이 됐어! 와, 신 난다'라고 생각하고 보람을 느낀다. 엄마가 해준 고맙다는 말이 아이가 살아가는 데 필요한 본능적인 욕구를 충족해주는 것이다. 고맙다는 말을 듣고 행복감을 느낄 때 아이는 비로소 고맙다는 말의 진정한 의미를 알게 된다. 그리고 고맙다는 말을 할 수 있게 된다.

사람은 태생적으로 타인에게 도움이 주길 원한다

부모가 진심으로 고맙다고 말할 때 아이는 행복감을 느낀다

"고마워"라는 말과 함께 아이에게 하면 좋은 말에 "미안해"가 있다. 솔직하게 "미안해"라고 말할 줄 아는 아이로 키우고 싶다면 앞서와 마찬가지로 부모가 먼저 솔직하게 아이에게 "미안해"라고 사과하는 것이 가장 좋은 방법이다. 잘못했을 때, 실수했을 때, 울컥해서 큰소리를 쳤을 때, 아이를 의심했을 때에는 깨끗하게 미안하다고 말해야 한다.

==부모가 아이에게 미안하다고 말하면 아이는 맑고 솔직한 사람이 된다.== 부모이기에 한 번 내뱉은 말을 번복해서는 안 될까? 실수해서도 안 될까? 절대 그렇지 않다. 부모라도 잘못했을 때는 아이의 눈을 보고 분명하게 미안하다고 사과해야 한다. 부모가 사과하는 모습을 보고 아이는 사과하는 방법을 익힌다. 또 부모가 지금까지 경험했던 실패담을 아이에게 들려주는 것도 좋다. 다양한 것에 관심을 갖고 도전하는 사람으로 성장하게 된다.

누구나 잘못할 때가 있고 실수할 때가 있다는 것, 하지만 그 경험을 토대로 더 멋지게 성장할 수 있다는 것을 가르쳐야 한다.

부모가 사과하는 모습을 보고 아이는 사과하는 방법을 배운다

아이가 울고 소리칠 때는
"화났나 보구나",
"슬픈가 보구나"라고 말해준다

울고 소리칠 때
"울지 마", "조용히 해!"라고 하면
아이는 감정을 억누르는 사람이 된다.
꼭 안고 터칭하면서
"화났나 보구나", "슬픈가 보구나"라고 말해주면
아이는 자신의 감정을 이해하게 되어
감정을 통제할 수 있는 사람으로 성장한다.

아이는 에너지 덩어리다. 기분이 상해서 한 번 울기 시작하면 어떻게 손을 쓸 방법이 없다. 그치지 않고 계속해서 울면 나중에는 부모도 화가 나서 "울지 마!", "조용히 해!"라고 큰 소리를 친다. 하지만 울지 말라는 말은 잔인한 말이다. 감정은 저절로 흘러넘치는 것으로 의지로 어떻게 할 수 있는 것이 아니기 때문이다.

아이가 화가 나서 울고불고 소리를 지를 때는 "화났나 보구나"라고 아이의 감정을 말로 표현해주어야 한다. 아이는 자신이 느끼고 있는 불편한 감정이 '화'인지 '슬픔'인지 '공포'인지 잘 모른다. 언어를 통해 자신이 화났다는 것을 자각하면 그제야 다음 단계로 나아가서 화를 어떻게 통제해야 할까를 생각한다. 아이의 마음이 진정되면 '다른 것에 집중해본다', '좋은 방향으로 생각해본다', '큰소리를 질러본다', '몸을 움직인다'와 같은 구체적인 감정 통제 방법을 가르쳐야 한다. 이것을 심리학에서는 '승화'라고 부른다. 아이가 아직 어리기 때문에 화를 떨쳐낼 방법을 같이 생각해줄 필요가 있다. '감정은 수용해주고 행동은 바로잡아야 한다'는 것을 잊지 말자.

아이는 자신이 느끼는 불쾌한 감정의 정체를 모른다

슬픔, 후회, 공포를 분간하지 못한다

감정을 말로 표현해주면 아이의 마음이 진정된다

"노력하고 있구나"라는 말이
아이의 향상심을 자극한다

"열심히 해"라고 자주 말하면
결과에 집착하는 아이가 된다.
"노력하고 있구나"라고 응원해주면
과정을 중요하게 여기는 아이가 된다.

"열심히 해"라는 말은 네가 목표로 해야 하는 골이 있으므로 골을 향해서 있는 힘을 다 짜내라는 말이다. "목표 의식을 가져라", "목적을 달성해라"란 의미이기도 하다. 반면 "노력하고 있구나"라는 말은 목표의 달성 여부가 아닌, 지속해서 전진하는 '자세'를 높이 평가하는 말이다. 부모는 그 누구보다 아이가 잘되길 바란다. 그러므로 노력하는 아이의 모습을 보고 "열심히 해"라고 말하는 것이다. 응원하는 마음을 표현할 적당한 다른 말을 찾지 못해서 열심히 하라는 말만 해온 부모도 많을 것이다. 하지만 아이는 어른이 생각하는 것보다 훨씬 열심히 최선을 다하고 있을 때가 많다. 때로는 열심히 하라는 부모의 말을 있는 그대로 받아들여 큰 부담을 느끼기도 한다. '지금도 정말 열심히 하고 있는데', '열심히 하고 있는데도 잘 안 된단 말이야', '언제까지 열심히 해야 하는 거지?' 하고 생각한다. 또 부모의 기대에 부응할 수 있는 성과를 내지 못했을 때는 혼란에 빠지기도 한다.

아이를 응원해주고 싶을 때는 "노력하고 있구나"라고 말하는 것이 좋다. 그리고 절대로 다른 집 아이와 비교하지 말아야 한다. 아이는 매일매일 조금씩 성장한다. 작은 변화도 놓치지 말고 "노력했구나", "해냈구나"라고 말해주면 성장의 기쁨을 느끼게 된다. 그리고 의욕으로 가득 찬, 생동감 넘치는 사람으로 성장한다.

"노력하고 있구나"라고 말해주면 의욕적인 아이가 된다

열심히 하라는 말이 때로는 아이를 힘들게 한다

노력을 인정해주면 동기부여가 된다

"네 편이야"라고 말해줄 때 아이는 진심으로 안심한다

"같이 할까?"하고 도와준다.
"노력하고 있구나"라고 말해준다.
"엄마가 응원하고 있어"라며 지켜본다.
'엄마는 네 편이야'라는 메시지를
아이에게 전하는 방법이다.

6살이 되면 친구와 싸웠다거나 따돌림을 당했다며 자신이 겪은 억울한 일을 엄마에게 털어놓는다. "엄마가 한마디 해줄까?"라고 말해보아도 "아니"라고만 할 뿐 자세한 이야기를 하려고 하지 않을 때도 있다. 아이들 사이에서 발생한 문제를 자신의 힘으로 해결하고 싶은 마음이 있기 때문이다. 엄마로서 뭐라도 해주고 싶은 마음이 들겠지만, 이때는 꾹 참고 "엄마는 네 편이야", "무슨 일이 있으면 말해줘야 해"라고만 말한다. 힘든 일이 생겼을 때 울며 매달릴 수 있는 사람이 있다고 느끼는 것만으로도 아이는 안심하고 어려움에 맞설 용기를 가진다.

아이가 성장하는 데 가장 중요한 것은 자존감이다. 자존감은 자신을 스스로 존재 가치가 있는 존재라고 생각하는 것이고, 살아있는 것만으로도 의미가 있다고 느끼는 감정이다. 뭐든지 해낼 수 있다고 믿는 자신감의 근원이기도 하다. 설령 능력을 제대로 발휘하지 못해 넘어지고 벽에 부딪히더라도 자존감이 있으면 자신을 재평가하고 벽을 뛰어넘을 수 있다. 이러한 자존감은 엄마의 사랑으로 형성된다. 아이가 어떻게 행동하는지 지켜보면서 "엄마는 항상 네 편이야"라고 말해주자.

"네 편"이란 말이 아이의 마음을 안심시킨다

"사랑해"라고 말하면서
꼭 안아주면 아이는 삶의 기쁨을 느낀다

"사랑해"라는 말을 자주 해주면
사랑하고 사랑받을 때 느껴지는 따뜻한 마음을 알게 된다.
다정하게 꼭 안아주면
'나는 지금의 나로 가치 있는 존재'라고 느끼고
자기 존재를 긍정하게 된다.

I 메시지로 말하면 아이의 배려심을 키워줄 수 있다고 앞서 설명했다. "이렇게 해야 해", "저렇게 해야 해"라고 상대방을 규제하는 말이 아니라, "기분이 좋아", "슬퍼"라고 자신의 감정을 표현하는 말이다.

이 I 메시지 가운데 아이에게 가장 효과가 좋은 말이 있다. 바로 "사랑해"이다. 아이가 성장하는 모습을 지켜보는 동안 때로는 도와주어야 하고, 말을 걸어주어야 하고, 지켜봐 주어야 한다. 하지만 아이가 성장하면 항상 곁에서 지켜봐 줄 수 없을 때가 온다. 이때부터는 "사랑해"라는 말로 아이의 마음을 지지해주어야 한다. 엄마는 항상 내 편이라는 믿음이 있을 때 아이는 혼자 설 수 있게 된다. "네 편이야"라는 말은 심리학에서 말하는 '안전기지'가 되어주어 적극적으로 행동할 용기를 준다. 그리고 "사랑해"는 존재 자체를 인정해주는 말이다. 행동의 결과, 성공 여부에 상관없이 항상 변함없이 소중하다고 아이의 존재 가치를 인정하는 말이다.

그리고 하루에 한 번 7초 이상씩 꼭 안아주자. 포옹은 아이가 씩씩하게 자라는 데 필요한, 마음의 힘이 된다.

"사랑해"는 존재 가치를 인정해주는 말이다

사랑한다는 말이 자존감을 키운다

맺음말

나도 아이 둘을 키우고 있다. 사람들은 나에게 "아이를 정말 잘 키우시겠어요"라고 하는데 꼭 그런 것만도 아니다. 내 자식이 맞나 싶을 정도로 이해가 안 되는 행동을 하면 너무 화가 나서 아이에게 짜증을 내기도 하고, 때로는 자기혐오에 빠지기도 한다. 그러다가도 천사 같은 아이 얼굴과 순수함을 보면 모든 고뇌가 눈 녹듯이 사라지는, 따뜻한 기분을 느낀다.

아이를 키우면서 겪은 시행착오와 수많은 아이를 만난 경험을 바탕으로 딱 한 가지 자신 있게 말할 수 있는 것이 있다. 그것은 바로 '모든 아이가 반드시 벽에 부딪힌다'는 것이다.

예의 바르고 착하다고 생각했던 아이가 깜짝 놀랄만한 문제를 일으키기도 있고, 감당 안 될 정도로 거친 아이가 섬세하고 깊은 배려를 보여주기도 있다. 단 한 번도 문제를 일으킨 적이

없었던 아이가 사춘기에 들어서면서 등교를 거부하기도 한다.

　인생이라는 긴 시간을 사는 동안에 아이는 언젠가는 벽에 부딪힌다. 성장하기 위해 발버둥 치는 때를 맞이한다. 그래서 아이에게 벽을 뛰어넘을 수 있는 지혜와 강인함을 가르쳐야 한다. 이를 위해 어른이 해줄 수 있는 것은 지나치게 손을 내밀지 않고 아이 곁에서 아이를 믿고 가만히 지켜보는 것이다. 참견하지 않고 지켜보는 것, 말을 걸어주고 마음으로 안아주는 것이 중요하다.

　머리말에서 아이를 성장시키는 것도 아이를 망치는 것도 부모의 말이라고 말한 바와 같이, 어리다고 해서 아이에게 무조건 시키는 대로 하라고 강요해서는 안 된다. 스스로 생각하는 습관이 몸에 배도록 가급적 질문을 던져주어야 한다. "어떻게 하는 것이 좋을 것 같니?", "어떤 방법이 더 좋을까?"라고 질문해주면 아이는 자신의 머리로 열심히 생각해서 나름대로 결론을 도출하려고 한다. 이를 통해 스스로 상황을 판단하고 결단을 내리고 행동하는 힘을 쌓게 된다.

생각하는 힘을 키워주는 엄마의 말을 통해 여러분의 육아가 깊은 풍미가 있고 경의로 가득 찬 육아가 되길 진심으로 기원한다.

다케우치 에리카

- 0세 안심감을 느끼면 감수성이 발달한다
- 1세 호기심을 자극해준다
- 2세 공감해주면 아이의 마음이 안정된다
- 3세 도움을 주면서 자립심을 키워준다
- 4세 스스로 생각하는 힘, 문제를 극복하는 힘을 키워준다
- 5세 공감 능력과 배려심을 키워준다
- 6세 자존감을 키워준다

0~6세 자존감과 두뇌력을 키워주는 발달단계 말 걸기
엄마, 이렇게 말해주세요

초판 1쇄 발행 2016년 6월 20일
초판 2쇄 발행 2017년 9월 1일

지은이 다케우치 에리카 | **옮긴이** 김진희

펴낸이 민혜영
펴낸곳 카시오페아
주소 서울시 마포구 월드컵북로 400 문화콘텐츠센터 5층 출판지식창업보육센터 8호
전화 070-4233-6533 | **팩스** 070-4156-6533
홈페이지 www.cassiopeiabook.com | **전자우편** cassiopeiabook@gmail.com
출판등록 2012년 12월 27일 제385-2012-000069호
디자인 김진디자인

ISBN 979-11-85952-46-8

이 도서의 국립중앙도서관 출판시도서목록(CIP)은 서지정보유통지원시스템
홈페이지(http://seoji.nl.go.kr)와 국가자료공동목록시스템(http://www.nl.go.kr/kolisnet)에서
이용하실 수 있습니다.
(CIP제어번호 : CIP2016014486)

이 책은 저작권법에 따라 보호받는 저작물이므로 무단전재와 무단 복제를 금지하며,
이 책의 전부 또는 일부를 이용하려면 반드시 저작권자와 카시오페아의 서면 동의를 받아야 합니다.

* 잘못된 책은 구입한 곳에서 바꾸어 드립니다.
* 책값은 뒤표지에 있습니다.